MW01015690

¡Dígalo Fácilmente en Inglés!

Say It Easily in English!

Cristina Elizabeth Casillas Ferrer

México (1974). Profesora de Inglés por el Instituto Anglo Americano, con quince años de experiencia en la docencia. Doctora en Educación por la UAEM con beca del Padrón de Excelencia del CONACyT. Maestra y Licenciada en Educación por la Universidad Pedagógica Nacional. Ha desarrollado investigaciones: en los campos de la calidad educativa, el desarrollo de habilidades del pensamiento, las competencias y el cambio educativo.

¡Dígalo Fácilmente en Inglés!

Say It Easily in English!

Cristina Elizabeth Casillas Ferrer

BERBERA EDITORES S.A DE C.V.

Delibes No. 96 Col. Guadalupe Victoria C.P. 07790
México, D.F. Tel: 5 356 4405, Fax: 5 356 6599
Página Web: www.berbera.com.mx
Correo electrónico: editores@berbera.com.mx

Diseño de la portada: Equipo de diseño gráfico de
Berbera Editores S. A. de C. V

© **Berbera Editores, S. A. de C. V.**

© **¡Dígalo Fácilmente en Inglés!**
Say it easily in English!

© **C. Casillas Ferrer.**

1ª. Edición: Mayo de 2014.

ISBN: 978-970-7830-88-2

Impreso en México
Printed in Mexico

¡Dígalo Fácilmente en Inglés!

Comunicarse eficientemente en otro idioma puede ser no sólo satisfactorio, sino altamente productivo; es decir, al poder comprender y hacernos comprender por otros, podemos abrir puertas tanto en nuestra vida familiar y social, como en el trabajo y los negocios. Pero, si el idioma del que hacemos referencia es el INGLÉS, nuestras posibilidades de éxito aumentan exponencialmente. Obtener el trabajo deseado, realizar negocios exitosamente, disfrutar un viaje de placer y entablar conversaciones fluidas en contextos cotidianos, son algunos de los propósitos que tenemos al aprender un idioma extranjero; por ello, nuestro curso de conversación, está elaborado pensando en las necesidades e intereses de nuestros lectores, tanto quienes radican en un país de habla inglesa y desean mejorar sus capacidades comunicativas, como quienes desean aprender y practicar el idioma inglés en un contexto extranjero.

Presentamos, como introducción, una **guía práctica y de fácil referencia para la pronunciación** del idioma inglés. Posteriormente proponemos **diálogos de conversaciones** con su pronunciación figurada y traducción línea por línea para ayudar a su comprensión. Acompañando a cada diálogo anotamos una **lista de palabras y frases nuevas**, así como un **ejercicio de conversación y comprensión** de lectura y una referencia rápida para la **gramática básica** introducida en cada conversación. Finalmente, ofrecemos un apéndice **de verbos irregulares en inglés** con sus significados, los cuales pueden emplearse en el trabajo de construcción de oraciones en distintos tiempos verbales o para su memorización, pues no siguen una regla específica. Para una mayor referencia y profundización del estudio del idioma inglés, también se puede recurrir a textos específicos de gramática inglesa de nuestra colección.

Pronunciación: Guía General

A diferencia del español, el idioma inglés en su forma escrita, no coincide en muchas ocasiones con su correcta pronunciación, por ello es importante conocer la forma apropiada de pronunciar cada una de las letras y sus variaciones.

Existen algunas reglas específicas que emplearemos a continuación:
1. La letra **-e** al final de las palabras no se pronuncia.
2. Las sílabas en las que se deberá hacer énfasis en la pronunciación, se acentuarán para indicarlo en la pronunciación figurada: **during** dúwring.
3. Las variaciones con que se pueden pronunciar correctamente las distintas palabras del idioma inglés no se transcriben, sin embargo es importante que nuestros lectores comprendan que tales variaciones existen. Por ejemplo: las palabras **new, tune,** se pronuncian núw, túwn, pero también es correcto pronunciarlas niú, tiún.

Para comprender el sonido aproximado de la letra en inglés, se da como ejemplo una palabra en español, se debe concentrar en el sonido de la letra en negrillas.

VOCALES

Letra	Pronunciación	Ejemplo en Español	Ejemplo en Inglés
a	ei	l**ey** p**ei**ne	**a**gent (éidchent) agente ch**a**nge (chéinch) cambio
	a	c**a**bra	f**a**r (far) lejos
	o	**o**stra	alre**a**dy (olrédi) ya l**a**w (lo) ley
e	i	d**i**me	sc**e**ne (sín) escena m**e** (mi) a mí
	e	t**e**ma	m**e**rcy (mérsi) misericordia
i	ai	**ai**slado	**i**dol (áidol) ídolo h**i**gh (jái) alto
	i	**i**nstantáneo	p**i**n (pin) alfiler

	e-	como la **e** pero más cerrada y suave	sir *(ser)* señor first *(fe-rst)* primero
o	ou	b**ou**	vote *(vóut)* voto
	o	c**o**no	boy *(bói)* niño
	o-	como la **o** pero más cerrada y suave	admiration (a**d**miréisho-n) admiración; but *(bo-t)* pero
	u	c**u**bierta	woman *(wúman)* mujer; do *(du)* hacer
u	iu	d**iu**rético	usual *(iúsual)* usual
	u	c**u**beta	rule *(rúl)* regla
	iú	énfasis en la **u**	duty *(diúti)* deber
	i	b**i**dón	busy *(bísi)* ocupado

COMBINACIÓN DE VOCALES (DIPTONGOS)

Letra	Pronunciación	Ejemplo en Español	Ejemplo en Inglés
ae	e suave	h**e**rmoso	aeroplane *(érplein)* avión
ai	ei	p**ei**ne	raise *(réis)* alzar
ao	ei	p**ei**ne	aorta *(eiórta)* aorta
au	ó	p**o**ner	daughter *(dóter)* hija
ay	ei	p**ei**ne	pay *(péi)* pagar
ea	i:	**i** con sonido alargado	meat *(mi:t)* carne
	e	**e** antes de una letra d	bread *(bred)* pan
ee	i:	**i** con sonido alargado	meeting *(mí:ting)* reunión
eo	i	f**i**lo	people *(pipl)* gente
eu	iú	c**iu**dad	Europe *(iúrop)* Europa
eau	iú	c**iu**dad	beautiful *(biútiful)* hermoso (a)
ew	iú	c**iu**dad	few *(fiú)* poco

ei	ei	**pe**ine	vein *(véin)* vena
ey	ei	**pe**ine	obey *(obéi)* obedecer
ia	ia	**pia**no	brilliant *(bríliant)* brillante
ie	i:	**i** con sonido alargado	hygiene *(jáiyi:n)* higiene
io	áio	(no existe en español)	lion *(láion)* león
iu	iu	**viu**da	stadium *(stéidium)* estadio
oa	o:	**co**bro	board *(bo:rd)* tabla
oe	u	**tu**bo	shoe *(shu)* zapato
oe	ou	**bou**	toe *(tóu)* dedo del pie
oi	oi	est**oy**	noise *(nóis)* ruido
oy	oi	est**oy**	boy *(bói)* niño
oo	ú	**tú**	foot *(fut)* pie
oo	o	**to**do	door *(dor)* puerta
ou	áu	**jau**la	house *(jáus)* casa
ow	áu	**jau**la	town *(táun)* ciudad
ua	a:	**ca**rta	guard *(ga:rd)* guardia
ue	ui	**cui**dado	banquet *(bánkuit)* banquete
ui	iú	**ciu**dad	suit *(siút)* traje
uo	uo	**búho**	liquor *(líkuor)* licor

CONSONANTES

Letra	Pronunciación	Ejemplo en Español	Ejemplo en Inglés
b	b	**b**ueno	back *(bak)* espalda
c	c	**c**arro	car *(kar)* carro
ch	tsh	**ch**arro	change *(tshéinsh)* cambio
ch	k	**k**ilo	chrome *(króum)* cromo
d	d	**d**ía	dime *(dáim)* diez centavos
f	f	**f**lor	flower *(fláuer)* flor
g	gue, gui	**g**ente, **g**uitarra	give *(guiv)* dar

g	dch	**y**eso	gentleman *(dchéntlman)* caballero
gh	g	sin sonido **(muda)**	night *(náit)* noche
gh	f	**f**oco	cough *(cof)* tos
j	dch	**y**ema	job *(dchob)* empleo
k	k	**k**ilogramo	kilogram *(kílogram)* kilogramo
l	l	**l**una	low *(lóu)* bajo
m	m	**m**ano	man *(man)* hombre
n	n	**n**egar	never *(néver)* nunca
p	p	**p**asto	pot *(pot)* recipiente
ph	f	**f**uerte	phone *(fóun)* teléfono
q	k	**k**iosko	qualified *(kuálifaid)* calificado
r	r	ai**r**e	round *(raund)* redondo
s	s	**s**erio	silver *(sílver)* plata
s	sh	sonido producido al sacar aire con los dientes cerrados y boca abierta	admission *(admíshon)* admisión
sh	sh	sonido producido al sacar aire con los dientes cerrados y boca abierta	short *(short)* corto
t	t	**t**ocar	take *(téik)* tomar
t	sch	sonido producido al sacar aire con los dientes cerrados y boca abierta	admiration *(ádmireischon)* admiración

th	tz	bra**z**o en castellano (España)	thick *(tzik)* grueso
th	d	**d**iente	this *(dis)* este
v	v	**v**aca	variable *(váriabl)* variable
w	w	**w**hisky	whistle *(wisl)* silbato
x	s	**x**ylófono	xylophone *(sáilofoun)* xilófono
x	gs	e**x**ento	exaggerate *(egsáyereit)* exagerar
x	ks	**k**iosko	box *(boks)* caja
y	y	**y**eso	yes *(yes)* sí
y	ai	**ai**re	why *(guái)* por qué
z	z	**z**ebra	zero *(zí:ro)* cero

ALFABETO INGLÉS

Letra	Pronunciación	Letra	Pronunciación
A a	ei	N n	en
B b	bi:	O o	ou
C c	si:	P p	pi:
D d	di:	Q q	kyuw
E e	i:	R r	ar
F f	ef	S s	es
G g	dzhi:	T t	ti:
H h	eych	U u	yuw
I i	ay	V v	vi:
J j	dzhey	W w	de-blyuw
K k	key	X x	eks
L l	el	Y y	way
M m	em	Z z	zi:

UNIT 1. GENERAL INTEREST (BASIC SURVIVAL)
UNIDAD 1. INTERÉS GENERAL (SUPERVIVENCIA BÁSICA)

LESSON 1. HELLO!
¡HOLA!

John   **Hello, Anna.**
Jélou, Ana.
Hola, Ana.

Anna   **Oh! Hi, John.**
Óu! Jái, Yon.
¡Oh! Hola, Juan.

John   **How are you today?**
Jáu ar iú túdey?
¿Cómo estás hoy?

Anna   **I'm very well, thank you.**
Áim véri wél, dzéink íu.
Estoy muy bien, gracias.
And how are you?
Ánd jáu ar iú.
Y ¿Cómo estás tú?

John   **I'm fine.**
Áim fáin.
Estoy bien.
And, how is your mother?
Jáu is yur móder?
Y, ¿Cómo está su madre?

Anna   **She's fine.**
Shi is fáin.
Ella está bien.

John   **That's good.**
Dats gud.
Qué bien.
How about your father?
Jáu abáut yur fáder?
¿Qué hay de su padre?

Anna   **He's O.K. too.**
Ji is o key tu.
Él también se encuentra bien.
How are your parents, John?
Jáu ar yur parents, Yon?
¿Cómo están sus padres, Juan?

John   **They are both well, thank you.**
        Déi ar bóutz wé-l, dzéink íu.
        Ambos están bien, gracias.
Anna   **Well, good-by John.**
        Wé-l, gúd bái Yon.
        Bien, adiós Juan.
John   **Good to see you, Anna.**
        Gud tu si: yu, Ana.
        Es un gusto verte, Ana.

Palabras y Frases Nuevas

1. **and** y
2. **be** (am, is, are) ser, estar (soy, estoy; es está; somos, estamos; son, están)
3. **both** ambos
4. **father** padre
5. **fine** bien
6. **good** bueno; bien
7. **good-by** adiós
8. **he** él
9. **hello** hola; aló
10. **hi** hola; aló (informal)
11. **how** cómo
12. **I** yo
13. **mother** madre
14. **my** mi
15. **no** no
16. **O.K.** frase que originalmente significa "cero muertos" y que empleamos para decir que todo está bien.
17. **parents** padres (madre y padre)
18. **she** ella
19. **thank you** gracias
20. **that** ese, esa, eso; aquél, aquella, aquello
21. **those** esos, esas; aquellos, aquellas
22. **they** ellos, ellas
23. **today** hoy
24. **very** muy
25. **well** bien
26. **yes** sí
27. **you** tú, usted; vosotros; ustedes
28. **your** tu(s), su(s), vuestro (s), vuestra (s)

Ejercicios. Conteste en Inglés y de Manera Completa.

1. **How are you?**
   ¿Cómo está usted?
2. **How is your mother?**
   ¿Cómo está su madre?

3. **Is your father well?**
   ¿Está su padre bien?
4. **Are you well?**
   ¿Está usted bien?
5. **Is Anna O.K.?**
   ¿Está Ana bien?

Respuestas. Las respuestas pueden variar de acuerdo al manejo de vocabulario de la persona, éstas son algunas sugerencias.

1. I'm fine, thank you.
2. She's fine.
3. Yes, he's well.
4. Yes, I am.
5. Yes, Anna is O.K.

Gramática Básica

Verbo to be		Ser o estar
I am	I'm	Yo soy, estoy
You are	You're	Tú eres, estás
He is fine.	He's fine.	Él es,está bien.
She is O.K.	She's O.K.	Ella es, está
It is well.	It's well.	Eso es, está
We are	We're	Nosotros somos
You are	You're	Ustedes son
They are	They're	Ellos son

Interrogativo	Negativo
Am I	I'm not
Are you	You're not
Is he fine?	He's not fine.
Is she O.K?	She's not O.K.
Is it well?	It's not well.
Are we	We're not
Are you	You're not
Are they	They're not

LESSON 2. STARTING A CONVERSATION
INICIANDO UNA CONVERSACIÓN

John **Where are you going, Anna?**
Wuér ar yu going, Ana?
¿A dónde vas, Ana.?

Anna **I'm going home, John.**
Áim going jóum, Yon.
Voy a casa, Juan.

John **Where is your home?**
Wuér is yur jóum?
¿Dónde está tu casa?

Anna **It's on this street.**
Its on dis stri:t.
Está en esta calle.

John **It looks like a nice neighborhood.**
It lu:ks láik a náis néijborjud.
Se ve como un vecindario agradable.

Anna **Yes, I like it.**
Yes, ái láik it.
Sí, a mi me gusta.

John **I come here often.**
Ái come jir ófe-n.
Yo vengo aquí seguido.

Anna **Well, come and visit us.**
Wuél, com and vísit o-s.
Bien, ven a visitarnos.
My family likes you.
Mai fámili láiks yu.
A mi familia le agradas.

John **I also like your family.**
Ái ó loo láik yur fámili.
A mi también me agrada tu familia.
Is your brother home?
Is yur bróder jóum?
¿Está tu hermano en casa?

Anna **No, he is away.**
No, ji: is awuéy.
No, él está fuera.
But he's coming home soon.
Bo-t ji:s coming jóum su:n.
Pero él llegará pronto a casa.

John **Is your sister away? I like her.**
Is yur síster awuéi? Ái láik jer.
¿Está tu hermana fuera? Ella me agrada.
Anna **No, she's home.**
No, shi:s jóum.
No, ella está en casa
She also likes you.
Shi: ó-lso láiks yu.
A ella también le agradas.
Are you coming over soon?
Ar yu cóming óuver su:n?
¿Vendrás a vernos pronto?
John **Yes, very soon.**
Yes, véri su:n.
Sí, muy pronto.
Anna **That's fine. Good-by.**
Dats fáin. Gu:d bai.
Está bien. Adiós.

Palabras y Frases Nuevas

1. **also** también
2. **away** ausente, fuera
3. **brother** hermano
4. **come** venir
5. **go** ir
6. **here** aquí, acá
   a. **there** ahí, allí, allá
7. **home** casa, hogar
8. **it** lo, la, le; ello
9. **like** gustar
10. **neighborhood** vecindario, barrio
11. **nice** lindo, agradable
12. **often** con frecuencia, a menudo
13. **on** en, sobre
14. **over** encima
15. **see** ver
16. **sister** hermana
17. **soon** pronto
18. **street** calle
19. **this** este, esta, esto
    a. **these** estos, estas
20. **us** nos
    a. **we** nosotros, nosotras
21. **where** donde, dónde

Ejercicios. Conteste en Inglés y de Manera Completa.

1. **Where is Anna going?**
   ¿A dónde va Ana?
2. **Is this a nice neighborhood?**
   ¿Es éste un lindo vecindario?

3. **Where is Anna's sister?**
   ¿Dónde está la hermana de Anna?
4. **Is Anna's brother coming home soon?**
   ¿Vendrá el hermano de Ana a casa pronto?
5. **Is John coming to visit?**
   ¿Vendrá Juan a visitarnos?

Respuestas. Las respuestas pueden variar de acuerdo al manejo de vocabulario de la persona, éstas son algunas sugerencias.

1. She is going home.
2. Yes, this is a nice neighborhood.
3. She is at home.
4. Yes, he's coming home soon.
5. Yes, he is.

Gramática Básica.

Los verbos en presente se escriben igual que el infinitivo cuando se trata de primera y tercera persona, excepto el verbo **to be** (lección 1).

I	come
You	look
We	go
They	visit

A la mayoría de los verbos en presente se les agrega una letra 's' al finalizar cuando se trata de terceras personas.

He	look**s**
She	visit**s**
It	come**s**

Algunos verbos en presente necesitan de otras letras al finalizar para la tercera persona como 'es'.

He	do**es**
She	dress**es**
It	go**es**

LESSON 3. AT THE TABLE
EN LA MESA

Anna **Who is it?**
Ju is it?
¿Quién es?
Oh, John. Please come in.
Óu, Yon. Plis com in.
¡Oh, Juan! Pasa, por favor.

John **Thank you, Anna.**
Dzéink íu, Anna.
Gracias, Anna.

Anna **You know my sister Mary.**
Íu nóu mái síster Méry.
Usted conoce a mi hermana María.

John **Yes. How are you, Mary?**
Yes. Jáu ar yú, Mé-ry?
Sí. ¿Cómo estás, María?

Anna **And here come my parents.**
And jir com mái párents.
Y aquí vienen mis padres.

John **Hello, Mrs. Smith. Hello, Mr. Smith.**
Jélou, míse-s Smid. Jélou, míste-r Smid.
Hola, señora Smith. Hola, señor Smith.

Anna **Please, take a seat.**
Plis téik a sit.
Por favor toma asiento.
Here is a drink.
Jir is a drink.
Aquí está una copa.

John **Thank you. What are you drinking?**
Dzéink íu. Wuat ar íu drínking?
Gracias. ¿Qué estás bebiendo?

Anna **I'm drinking orange juice.**
Áim drínking óranch yús.
Yo estoy tomando jugo de naranja.
We're having chicken for dinner.
Wi:r jáving chíken for díner.
Vamos a tener pollo para la cena.

John **M-m-m! I like chicken.**
M-m-m! Ái láik chíken.
¡M-m-m! Me gusta el pollo.

It smells really good.
It sméls ríli gú:d.
Huele muy bien.

Anna **We eat it frequently.**
Wi i:t it frícuentli.
Nosotros lo comemos frecuentemente
We're having soup too.
Wi:r jáving su:p tu:.
También vamos a tener sopa.
Then, coffee and cake for dessert.
Den kófi: and kéik for dí:se-rt.
Entonces, café y pastel para postre.

John **It's a delicious dinner.**
Its a delíshio-s díner.
Es una cena deliciosa.
Your mother and father are very nice.
Yur móder and fáder ar véri náis.
Tu madre y tu padre son muy agradables

Anna **Come over often, John.**
Com óuve-r ófe-n, Yon.
Ven a vernos seguido, Juan.

Palabras y Frases Nuevas

1. **a, an** un(a)
   empleamos an antes
   del sonido de una
   vocal
2. **cake** pastel, torta,
   bizcocho
3. **chicken** pollo
   a. **fish** pescado
   b. **meat** carne
   c. **beef** res

4. **coffee** café
   a. **tea** té
   b. **cream** crema
5. **dessert** postre
6. **dinner** comida
   principal que se hace
   por la tarde (en
   algunos países el
   horario corresponde
   a la cena)
   a. **meal** comida;
      alimento
   b. **breakfast**
      desayuno
   c. **lunch** almuerzo
   d. **supper** cena
7. **drink** beber; bebida
   a. **sip** sorber; sorbo
8. **eat** comer
9. **for** para; por
10. **have** tener; haber
11. **in** en; dentro
12. **juice** jugo
13. **know** conocer;
    saber
14. **orange** naranja

a. **apple** manzana
15. **parents** padres (ambos padre y madre)
16. **please** por favor; hacer el favor de; complacer
17. **sit** sentarse
18. **smell** oler; olor
19. **soup** sopa
20. **thank you** gracias
   a. **thanks** gracias (informal)
21. **too** también; demasido
22. **what** qué; lo que

Ejercicios. Conteste en Inglés y de Manera Completa.

1. **What is Anna drinking?**
   ¿Qué está bebiendo Ana?
2. **Are Mrs. and Mr. Smith here?**
   ¿Están la señora y el señor Smith aquí?
3. **What are you eating?**
   ¿Qué está comiendo?
4. **Where is my drink?**
   ¿Dónde está mi bebida?
5. **Is the cake good?**
   ¿Está bueno el pastel?

Respuestas. Las respuestas pueden variar de acuerdo al manejo de vocabulario de la persona, éstas son algunas sugerencias.

1. She is drinking orange juice.
2. Yes, Mrs. and Mr. Smith are here.
3. I'm eating chicken.
4. Your drink is here.
5. Yes, the cake is delicious.

Gramática Básica

Algunas de las palabras que nos ayudan a elaborar preguntas en inglés y que se emplean al inicio de las preguntas son Who, What, When, Where, How, Why.

Who is your sister?	¿Quién es tu hermana?
What are we having for dinner?	¿Qué tendremos para cenar?
When are you coming home?	¿Cuándo vienes a casa?
Where is my dessert?	¿Dónde está mi postre?
How are your parents?	¿Cómo están tus padres?
Why is the drink here?	¿Por qué está aquí la bebida?

LESSON 4. WHAT DO YOU DO FOR A LIVING?
¿A QUÉ SE DEDICA USTED?

Anna   **Do you like working here?**
Du yu láik wuórking jír?
¿Le gusta trabajar aquí?

John   **Yes, it's nice here.**
Yes, its náis jir.
Sí, es agradable aquí.
I make enough money.
Ái méik inóf móni.
Gano suficiente dinero.
And I live well.
And ái liv we-l.
Y vivo bien.

Anna   **I'm glad to know that.**
Áim glad tu nów dat.
Me alegra saber eso.
What do you do for a living?
Wuát. du yu- du for a líving?
¿A qué se dedica usted?

John   **I work at the shop.**
Ái wuórk at de shop.
Trabajo en el taller.
I work at a machine.
Ái wuórk at a machín.
Trabajo con una máquina.
We make computer parts.
Wuí méik compíuter parts.
Hacemos partes de computadoras.

Anna   **Do you work hard?**
Du yu wuórk jard?
¿Trabaja usted duro?

John   **Yes, but I sit at my machine.**
Yes, bo-t ái sit at mái machín.
Sí, pero me siento frente a la máquina.
That makes my work easy.
Dát méiks mái wuórk í:si.
Eso facilita mi trabajo.
And, what do you do, Anna?
And, wuát du yu du, Ana?
Y, ¿a qué se dedica usted, Ana?

Anna **I go to school.**
Ái gów tu sku:l.
Yo voy a la escuela.

John **That's hard work!**
Dats jard wuórk.
¡Eso es trabajo duro!

Anna **Yes, but I like to study.**
Yes, bo-t ái láik tu stódi.
Sí, pero me gusta estudiar.
And I'm doing well at school.
And áim dúing wuél at sku:l.
Y me va bien en la escuela.

John **That makes school easy.**
Dat méiks skul í:si.
Eso facilita los estudios.

Anna **I know it does. I'm happy at school.**
Ái nów it do-z. Áim jápi at sku:l
Yo lo sé. Estoy feliz en la escuela.

John **I'm not a bad student myself.**
Áim not a bad stúdent maisélf.
Yo tampoco soy un mal estudiante.

Palabras y Frases Nuevas

1. **at** a; en
2. **bad** malo
3. **but** pero
4. **do** hacer
5. **easy** fácil
6. **enough** suficiente
7. **for a living** para vivir
8. **glad** contento
9. **happy** feliz
10. **hard** duro
11. **live** vivir
12. **machine** máquina
13. **make** hacer (fabricar)
14. **money** dinero
15. **school** escuela
16. **shop** taller; tienda; comprar
17. **study** estudiar
    a. **student** estudiante
18. **to** a
19. **work** trabajar; trabajo

Ejercicios. Conteste en Inglés y de Manera Completa.

1. **Does John make enough money?**
   ¿Gana Juan suficiente dinero?
2. **Where do you work?**
   ¿En dónde trabaja usted?
3. **What does John make?**
   ¿Qué hace Juan?
4. **Does Anna work hard?**
   ¿Trabaja duro Ana ?
5. **Is she happy at school?**
   ¿Está ella feliz en la escuela?

Respuestas. Las respuestas pueden variar de acuerdo al manejo de vocabulario de la persona, éstas son algunas sugerencias.

1. Yes, he does. He lives well.
2. I work in a shop.
3. He makes computer parts.
4. No, she doesn't work hard. (En el diálogo, posiblemente Juan está siendo irónico con respecto al trabajo duro que se hace en una escuela comparado con lo que se hace en un taller).
5. Yes, she's happy at school.

Gramática Básica

1.   Los **auxiliares do/does** son empleados para realizar la mayoría de las preguntas en presente simple, con excepción del verbo **to be**.

Do	I you we they	work hard? like it here? live near? eat cake?	Yes, I you we **do.** they	No, I you we **don't.** they
Does	he she it	make parts? work hard? smell delicious?	Yes, he she **does.** it	No, he she **doesn't.** it

2.   Los pronombres reflexivos **(reflexive pronouns)** con el sufijo **–self o -selves,** se emplean en inglés para darle énfasis a la persona que realiza la acción, aún cuando en español existe la traducción, no se utilizan tanto en este idioma por resultar redundantes. Por tanto es recomendable omitirlos en la mayoría de los casos en el momento de traducir.

Myself	Yo mismo	**Ourselves**	Nosotros mismos
Yourself	Tú mismo	**Yourselves**	Ustedes mismos
Himself	Él mismo	**themselves**	Ellos mismos
Herself	Ella misma		
Itself	Eso mismo		
Ejemplos:		**Las palabras en paréntesis se pueden omitir sin afectar el sentido de las oraciones.**	
I bake the cakes myself.		Yo (misma) horneo los pasteles.	
We make the computer parts ourselves.		Nosotros (mismos) hacemos las partes de computadora.	

LESSON 5. LEARNING ENGLISH
APRENDIENDO INGLÉS

John   **Paul is learning English.**
Po-l is lérning ínglish.
Pablo está aprendiendo inglés.
So is his sister Liz.
So is ji:s síster Liz.
Y también su hermana Liz.

Anna   **Who are they?**
Ju: ar déi?
¿Quiénes son ellos?

John   **They work in my shop.**
Déi wuórk in mái shop.
Ellos trabajan en mi taller.
I'm teaching them.
Áim tíching dem.
Yo les estoy enseñando.

Anna   **Are they learning fast?**
Ar déi lérning fast?
¿Están aprendiendo rápido?

John   **Liz is, but Paul isn't.**
Liz is, bo-t Po-l isnt.
Liz sí, pero Pablo no.

Anna   **Why? What's wrong with him?**
Wuái? Wuáts rong wuid ji:m?
¿Por qué? ¿Qué le sucede?

John   **He isn't studying.**
Ji: isnt stú-ding.
Él no está estudiando.
He is slow and lazy.
Ji: is slow and léizi.
Él es lento y flojo.

Anna   **Does Liz study?**
Do-s Liz stú-di?
¿Liz estudia?

John   **Yes, she studies very hard.**
Yes, shi: stú-dis véri jard.
Sí, ella estudia muy duro.
She speaks English all day
Shi: spi:ks ínglish o-l dei
Ella habla inglés todo el día

and reads it at night.
and rids it at náit.
y lo lee por las noches.

Anna **Doesn't Paul speak and read English?**
Do-snt Po-l spi:k and ri:d ínglish?
¿Pablo no habla y lee en inglés?

John **No, he speaks Spanish at work.**
No, ji: spiks spánish at wuork.
No, él habla español en el trabajo.

Anna **Do you speak English to him?**
Du yu spi:k ínglish to ji:m?
¿Le habla usted en inglés?

John **Yes, but it doesn't help at all.**
Yes, bo-t it dosnt jelp at ol.
Sí, pero no sirve de nada.
He talks to me in Spanish.
Ji: to-lks tú mí in spánish.
Él me habla en español.
It makes me really mad.
It méiks mi ríly mad.
Realmente me hace enojar.

Palabras y Frases Nuevas

1. **all** todo
2. **day** día
3. **English** inglés
4. **fast** rápido; rápidamente
5. **help** ayudar, servir; ayuda
6. **lazy** perezoso, flojo
7. **learn** aprender
8. **mad** enojado
   a. **to be mad** enojarse
9. **me** a mí; me
10. **read** leer
11. **really** realmente
12. **slow** despacio, lento
13. **so** también, tan, así
14. **Spanish** español
15. **speak** hablar
16. **talk** hablar, charlar
17. **teach** enseñar
18. **who** quién (quiénes)
19. **why** por qué
20. **with** con
21. **wrong** incorrecto
    a. **to be wrong** estar equivocado

Ejercicios. Conteste en Inglés y de Manera Completa.
   1. Are Liz and Paul learning English?
   ¿Están Liz y Pablo aprendiendo inglés?

2. **Who is teaching them?**
   ¿Quién les está enseñando?
3. **Where do they work?**
   ¿Dónde trabajan ellos?
4. **Is Paul learning fast?**
   ¿Está Pablo aprendiendo rápido?
5. **Do you speak Spanish?**
   ¿Habla usted Español?

Respuestas. Las respuestas pueden variar de acuerdo al manejo de vocabulario de la persona, éstas son algunas sugerencias.

1. Yes, they are learning English.
2. John is teaching them.
3. They work in a shop.
4. No, he isn't. He is lazy and slow.
5. Yes, I speak Spanish.

Gramática Básica.

La palabra **so** (tan, también) nos sirve para aumentar oraciones que se refieran a una oración previa y que agreguen información al texto sobre quien o quienes más realizan la misma acción. El verbo de la primera oración determina el auxiliar que se empleará en la segunda.

Ejemplos:

1. John <u>works</u> in a shop. **So** <u>do</u> Liz and her brother.	1. Juan trabaja en un taller. También Liz y su hermano.
2. Lois and Danny <u>speak</u> in English all day. **So** <u>does</u> Peter.	2. Lois y Danny hablan en inglés todo el día. También Pedro.
3. We <u>are</u> having meat for dinner. **So** <u>are</u> they.	3. Vamos a comer carne en la cena. También ellos.
4. Mark <u>is</u> teaching me Spanish. **So** <u>is</u> Andrew.	4. Marco me está enseñando español. También Andrés.

LESSON 6. THE WEATHER
EL TIEMPO

Anna **It's not a nice day.**
Its not a náis déi.
No hace buen tiempo hoy.

John **The sky is getting dark.**
De skái is guéting dark.
El cielo se está obscureciendo.

Anna **It's getting cold. Brrr!**
Its guéting cold. Brrr!
Está haciendo frío. Brrr!
John, it's starting to rain.
Yon, its stárting to réin.
Juan, está empezando a llover.
I'm getting wet.
Áim guéting wuét!
¡Me estoy mojando!

John **It's raining very hard.**
Its réining véri jard.
Está lloviendo muy duro.
Let's get inside.
Lets guét insáid.
Vámonos adentro.

Anna **Ah, it's good to be home!**
A, its gú:d tu bi jóum!
¡A, qué bueno es estar en casa!

John **It's nice and warm in here.**
Its náis and wuárm in jír.
Está agradable y caliente aquí.

Anna **Yes, and it's dry too.**
Yes, and its drái tu:.
Sí, y está seco también.

John **Let's look outside.**
Lets lú:k áutsaid.
Veamos afuera.

Anna **The street is empty!**
De stri:t is émpti.
La calle está vacía.

John **Look! The rain is stopping.**
Lu:k! de réin is stóping.
¡Mira! La lluvia está parando.

Anna	**The sky is getting bright.**
	De skái is guéting bráiyt.
	El cielo se está despejando.
	The sun is coming out.
	De so-n is cóming áut.
	El sol está saliendo.
John	**And the people are coming out too.**
	And the pi:pl ar cóming áut tu:.
	Y la gente también está saliendo.
Anna	**Let's go out again, John.**
	Lets go áut aguén, Yon.
	Salgamos nuevamente Juan.
John	**Stop! The drizzle is starting again.**
	Stop! De drizl is stárting aguén.
	¡Detente! La llovizna está empezando otra vez.

Palabras y Frases Nuevas

1. **again** de nuevo, nuevamente, otra vez
2. **bright** brillante, radiante; inteligente
   a. **get bright** despejarse (el cielo)
3. **cold** frío
   a. **cool** fresco
4. **dark** obscuro
5. **drizzle** llovizna
6. **dry** seco
7. **empty** vacío
8. **get** conseguir, obtener
9. **inside** adentro
10. **let** dejar, permitir
11. **look** mirar; parecer
12. **outside** afuera, fuera
13 **people** gente
14. **rain** llover, lluvia
    a. **snow** nevar, nieve
    b. **umbrella** paraguas
15. **sky** cielo
    a. **heaven** cielo (religión)
16. **start** empezar, comenzar
17. **sun** sol
    a. **shine** brillar, brillo
18. **the** el, la lo, los, las
19. **warm** caliente
20. **weather** tiempo
21. **wet** mojado, húmedo
    a. **get wet** mojarse

Ejercicios. Conteste en Inglés y de Manera Completa.

1. **Is it a nice day?**
   ¿Es un día agradable?
2. **It's cold, isn't it?**
   Hace frío, ¿no es así?
3. **Is it starting to rain?**
   ¿Está empezando a llover?
4. **Are John and Anna getting wet?**
   ¿Se están mojando Juan y Ana?
5. **Is it warm and dry outside?**
   ¿Está caliente y seco afuera?

Respuestas. Las respuestas pueden variar de acuerdo al manejo de vocabulario de la persona, éstas son algunas sugerencias.

1. Not, it's not a nice day.
2. Yes, it's cold.
3. Yes, it's starting to rain.
4. Yes, they're getting wet.
5. No, it isn't warm and dry outside.

Gramática Básica

Let's es una partícula del inglés que nos permite hacer invitaciones a otras personas para realizar actividades. El verbo no se conjuga después de la partícula **let's**.

Let's go outside again.	Salgamos nuevamente.
Let's get inside where it's warm and dry.	Entremos a donde está caliente y seco.
Let's take the umbrella in case of rain.	Llevemos el paraguas en caso de lluvia.
Let's eat fish today.	Comamos pescado hoy.
Let's drink apple juice.	Bebamos jugo de manzana.

LESSON 7. STAYING HOME
QUEDÁNDOSE EN CASA

John   **Mary, do me a favor.**
      Méri, du mi a féivor.
      María, hazme un favor.

Mary   **Sure, what is it?**
      Shur, wuat is it?
      Seguro, ¿Qué es?

John   **Get us some ice cream.**
      Guet o-s som áis cri:m
      Consíguenos algo de helado.

Mary   **How much do you want?**
      Jaw mo-ch du yu wuant ?
      ¿Cuánto quieres?

John   **Get enough for five.**
      Guet inóf for fáiv.
      Trae lo suficiente para cinco.

Mary   **How about some sodas?**
      Jaw abáut som sodas?
      ¿Qué tal algunos refrescos?

Anna   **That's a good idea. Get some too.**
      Dats a gu:d aidía. Guet som tu:.
      Es una buena idea. Trae algunos también.

Mary   **OK, give me the money.**
      Okey, guív mi: de móni.
      Está bien, dame el dinero.

      That's about fifteen dollars.
      Dats abáut fiftí:n dólars.
      Son más o menos quince dólares.

John   **Is that enough?**
      Is dat inóf.
      ¿Es suficiente?

Anna   **Please give her twenty.**
      Plis guí:v jer twuénti.
      Por favor, dale veinte.

      Don't get too much.
      Dont guet tu: mo-ch.
      No compres demasiado.

Mary   **There are only three of us.**
      Der ar ónli tzri: of o-s.
      Sólo somos tres.

Anna **What about our parents?**
Wuát abáut áu-r párents?
¿Qué hay de nuestros padres?

Mary **Father doesn't like ice cream.**
Fáder dosnt láik áis cri:m.
A Papá no le gusta el helado.

Anna **Mother does. That makes four of us.**
Móder dos. Dat méiks for of o-s.
A Mamá sí. Con ella somos cuatro.

Mary **All right, and five sodas.**
Ol ráiyt, and fáiv sodas.
Está bien, y cinco refrescos.

Anna **Make sure the ice cream tastes good.**
Méik shur de áis cri:m téistes gu:d.
Asegúrate que el helado sepa bien.

John **Go now and come back right away.**
Go naw and cóm bak ráit awéi.
Vete ya y regresa en seguida.

Palabras y Frases Nuevas

1. **about** más o menos, casi, como
   a. **how about** qué tal
2. **back** atrás, detrás
   a. **come back** volver, regresar
3. **dollar** dólar (US y Canadá)
4. **favor** favor
5. **five** cinco
   a. **fifteen** quince
   b. **fifty** cincuenta
6. **four** cuatro
   a. **fourteen** catorce
   b. **forty** cuarenta
7. **give** dar
8. **her** la, le; su (de ella)
   a. **hers** suyo(s), suya(s)
9. **ice cream** helado
   a. **ice** hielo
b. **cream** crema
c. **flavor** sabor
10. **much** mucho
    a. **how much** cuánto
11. **now** ahora
12. **of** de
13. **one** un, uno, una
    a. **ten** diez
14. **right** correcto
    a. **right away** enseguida
    b. **all right** todo bien
15. **soda** refresco
16. **some** alguno(s), algunas
17. **sure** seguro, claro
    a. **surely** seguramente
18. **taste** saber, degustar, probar
19. **three** tres

     a. **thirteen** trece   a. **twelve** doce
     b. **thirty** treinta   b. **twenty** veinte
20. **two** dos   21. **want** querer

Ejercicios. Conteste en Inglés y de Manera Completa.

1. **Who does John a favor?**
   ¿Quién le hace un favor a Juan?
2. **Is ten dollars enough?**
   ¿Es suficiente diez dólares?
3. **Is forty dollars too much?**
   ¿Es demasiado cuarenta dólares?
4. **How much money does John give Mary?**
   ¿Cuánto dinero le da Juan a María?
5. **Does her father like ice cream?**
   ¿A su papá le gusta el helado?

Respuestas. Las respuestas pueden variar de acuerdo al manejo de vocabulario de la persona, éstas son algunas sugerencias.

1. Mary does him a favor.
2. No, ten dollars is not enough.
3. Yes, forty dollars is too much.
4. John gives Mary twenty dollars.
5. No, he doesn't like ice cream.

Gramática Básica

La palabra **there** nos ayuda a expresar cuántos hay de algún sustantivo cuando se emplea junto con el verbo **to be** conjugado.

There is one soda here.	Hay un refresco aquí.
There is some cake in the refrigerator.	Hay algo de pastel en el refrigerador.
There are five of us.	Hay cinco de nosotros.
There are ten dollars in your wallet.	Hay diez dólares en tu cartera.
There isn't enough money.	No hay suficiente dinero.
There is too much ice cream.	Hay demasiado helado.

LESSON 8. INTRODUCING SOMEONE
PRESENTANDO A ALGUIEN

John   **Anna, this is my friend Peter.**
Ana, dis is mái fre-nd Píter.
Ana, este es mi amigo Pedro.

Anna   **I'm glad to meet you, Peter.**
Áim glad tu mi:t yu, Píter.
Me alegra conocerlo, Pedro.

Peter   **Nice meeting you too, Anna.**
Náis mí:ting yu tu:, Ana.
Me agrada conocerla también, Ana.

John   **Peter is studying law.**
Píter is stó-ding lo.
Pedro está estudiando leyes.

Anna   **Really? How nice!**
Ríli? Jau náis.
¿En verdad? ¡Qué bueno!

Peter   **I'm also a clerk in a store.**
Áim ó-lso a clerk in a stor.
También soy empleado en una tienda.

Anna   **How can you do all that?**
Jaw can yu du o-l dat?
¿Cómo puede usted hacer todo eso?

John   **From nine to five he is at school.**
From náin tu fáiv ji: is at skul.
De las nueve a las cinco él está en la escuela.

Peter   **And I work six nights a week.**
And ai wuork six náits a wik.
Y trabajo seis noches por semana.
From Tuesday to Sunday.
From Tiúsdei tu Só-ndei.
De martes a domingo.

Anna   **How hard! Do you have to work?**
Jáw jard! Du yu jav tu wuórk?
¡Qué duro! ¿Tiene usted que trabajar?

Peter   **Yes, I must pay for the school fees,**
Yes, ái mo-st péi for de skul fi:s,
Sí, debo pagar las cuotas escolares,
the rent, meals and bills.
de rent, mi:ls and bils.
la renta, comidas y cuentas.

Anna   **You must love to study law**.
       Yu mo-st lov tu stó-dy lo.
       Debe amar el estudiar leyes.

Peter   **I do. I enjoy defending people.**
       Ái du. Ái enyói difénding pi:pl.
       Me gusta. Disfruto defender a las personas.
       On Mondays I go to court all day.
       On móndeis ái go tu co-rt o-l déi.
       Los lunes voy a la corte todo el día.

John   **He wants to study abroad.**
       Jí wuánts tu stú-di abród.
       Él quiere estudiar en el extranjero.

Peter   **That's one of my dreams.**
       Dats uán of mái dríms.
       Ese es uno de mis sueños.

Anna   **I hope you can go soon.**
       Ái jou-p yu can go sun.
       Espero pueda ir pronto.
       You'll be a great lawyer one day.
       Yul bi; a gréit ló-yer uán déi.
       Algún día serás un gran abogado.

Palabras y Frases Nuevas

1. **abroad** en el extranjero
2. **also** también
3. **bills** notas, cuentas
4. **clerk** dependiente
5. **dream** soñar; sueño
6. **enjoy** disfrutar
7. **fee** cuota; pago
8. **friend** amigo (a)
9. **from** de; desde
10. **great** grande; grandioso
11. **hope** espero; esperanza
12. **job** empleo, trabajo
13. **lesson** lecciones
14. **life** vida
    a. **lives** vidas
15. **love** gustar, amar
16. **meals** comidas; alimentos
17. **pay** pagar
18. **really** verdaderamente; en serio
19. **rent** renta
20. **someone** alguien
21. **store** tienda
22. **through** por; a través de

Days of the Week		Días de la Semana*	
Sunday domingo	**Monday** lunes	Tuesday martes	Wednesday miércoles
Thursday jueves	**Friday** viernes	**Saturday** sábado	

* Nótese que en inglés los días de la semana se escriben con mayúscula, mientras que en español, no.

Ejercicios. Conteste en Inglés y de Manera Completa.

1. **Hello! How are things?**
   ¡Hola! ¿Cómo está todo?
2. **Anna doesn't know Peter, does she?**
   Ana no conoce a Pedro, ¿O sí?
3. **When does he go to school?**
   ¿Cuándo va él a la escuela?
4. **Does he also have a job?**
   ¿También tiene él un trabajo?
5. **What is one of his dreams?**
   ¿Cuál es uno de sus sueños?

Respuestas. Las respuestas pueden variar de acuerdo al manejo de vocabulario de la persona, éstas son algunas sugerencias.

1. Hello! Everything is all right.
2. No, Anna doesn't know Peter.
3. Peter goes to school from nine to five.
4. Yes, he works every night but Monday.
5. He dreams of studying abroad and becoming a great lawyer.

Gramática Básica.

En algunos empleos, los horarios de trabajo son fijos con un determinado día de descanso, el cual, en muchos casos, es el domingo. Sin embargo en algunos otros, los horarios se modifican e igualmente, el día de descanso. Veamos algunos ejemplos de cómo manejar horarios, días de trabajo y de descanso.

I work from eight to five everyday, but I have two breaks and one hour for lunch.	Yo trabajo de las ocho a las cinco todos los días, pero tengo dos recesos y una hora para el almuerzo.
This week, Andrew works from twelve thirty to eight thirty at night.	Esta semana, Andrés trabaja de las doce treinta a las ocho treinta de la noche.
The following week Brenda will have the night shift.	La próxima semana Brenda tendrá el turno de la noche.
Monica and Lois will have their day off on Friday.	Mónica y Luisa tendrán su día de descanso en viernes.
My day off is Saturday.	Mi día de descanso es el sábado.
The restaurant closes on Monday, so that's our day off.	El restaurante cierra los lunes, así que ese es nuestro día libre.
We open the office from Monday to Friday; we don't come to work on weekends.	Nosotros abrimos la oficina de lunes a viernes, nosotros no venimos a trabajar los fines de semana.

LESSON 9. AT THE DOCTOR'S
CON EL MÉDICO

Mary **Anna, do we have to wait much longer?**
Anna, du wuí: jav tu wuéit mo-ch longer?
Ana, ¿Tendremos que esperar mucho más?

Anna **No, there's only one patient ahead of us.**
No, ders ónli uán péishent ajéd of ó-s.
No, sólo hay un paciente delante de nosotros.
I think it's that pregnant woman.
Ái tzink its dat prégnant wúman.
Creo que es esa mujer embarazada.

Mary **I'm so relieved! We've been here since seven.**
Áim so rilívd! Wuív bin jir sins séven.
¡Me siento tan aliviada! Hemos estado aquí desde las siete.

John **This doctor seems very busy.**
Dis dóctor sí:ms véri bísi.
Este doctor parece muy ocupado.

Anna **He's the best in his field– which is ear, nose and throat.**
Jis de best in jis fild– wuích is i:r, nóus and tzróut.
Él es el mejor en su especialidad– que es oído, nariz y garganta.

John **Do you feel any pain, Mary?**
Dú yu fí:l éni péin, Méri?
¿Sientes algún dolor, María?

Mary **My throat hurts a bit–**
Mái tzróut jó-rts a bit–
Me duele un poco la garganta–
I cough and I sneeze, and I have a headache.
Ái cof and ái sní:z and ái jav a jédeik.
Yo toso y estornudo, y tengo un dolor de cabeza.
But I'm not as sick as Anna thinks.
Bó-t áim not as sik as Ana tzinks.
Pero no estoy tan enferma como Ana piensa.

John **The doctor will give you a pill or shot, and tell you to stay in bed.**
De doctor wuíl guív yu a pil or shot, and tel yu tu stéi in bed.
El doctor te dará una píldora o inyección, y te dirá que te quedes en cama.

Anna **And when did you study medicine, Dr. John?**
      And wuén did yu stó-di médicin, Doctor Yon?
      Y ¿cuándo estudió medicina, doctor Juan?

Mary **Sh, sh. I think the nurse is calling me.**
      Sh, sh. Ái tzink de no-rs is có-ling mi.
      Sh, sh. Creo que la enfermera me está llamando.

John **We'll wait for you here.**
      Wuíl wuiét for yu jir.
      Te esperaremos aquí.

Anna **I hope it's nothing but a cold.**
      Ái jóup its nótzing bo-t a cold.
      Espero que no sea nada más que un resfriado.

John **So do I. She has a little fever, though.**
      So du ái. Shi: jas a litl fivr, dóu.
      También yo. Sin embargo ella tiene algo de fiebre.

Anna **Yes, I know. Her cheek felt warm.**
      Yes, ái now. Jer chi:k felt wuárm.
      Sí, yo sé. Su mejilla estaba caliente.

John **Maybe it's something she ate.**
      Méibi its sómtzing shi: éit.
      Tal vez sea algo que ella comió.

Palabras y Frases Nuevas

1. **bit** poco
2. **busy** ocupado
   a. **business** negocio
3. **cheek** mejilla; cachete
4. **cold** resfriado, catarro
5. **cough** toser; tos
6. **doctor** (Md., Dr.) médico; doctor
7. **ear** oído
8. **eat** comer
   a. **ate** comió
9. **fever** fiebre
10. **field** campo
11. **heal** curar
    a. **health** salud
    b. **healthy** saludable
12. **head** cabeza
    a. **headache** dolor de cabeza
13. **hurt** doler
14. **maybe** tal vez
15. **medicine** medicina
16. **nothing** nada
    a. **thing** cosa, algo
17. **nurse** enfermera
18. **pain** dolor
19. **patient** paciente
20. **pill** píldora
    a. **tablet** tableta
    b. **caplet** cápsula
21. **pregnant** embarazada

a. **pregnancy** embarazo
22. **relieved** aliviado (sentimiento)
23. **sick** enfermo (a)
    a. **ill** enfermo (a)
24. **sore** dolorido; con dolor
    a. **swollen** inflamado; hinchado
25. **since** desde
26. **sneeze** estornudar; estornudo
27. **tell** decir
28. **think** pensar
29. **though/ although** aún cuando; sin embargo
30. **throat** garganta
31. **which** cuál; qué
32. **woman** mujer
    a. **man** hombre

Ejercicios. Conteste en Inglés y de Manera Completa.

1. **Do they have to wait long for the doctor?**
   ¿Tienen ellos que esperar mucho tiempo al doctor?
2. **What is wrong with Mary?**
   ¿Qué es lo que le pasa a María?
3. **What does Anna believe about the illness?**
   ¿Qué cree Ana acerca de la enfermedad?
4. **Mary doesn't have any fever, does she?**
   María no tiene fiebre, o ¿sí?
5. **Can it be because of something she ate?**
   ¿Podría ser algo que ella comió?

Respuestas. Las respuestas pueden variar de acuerdo al manejo de vocabulario de la persona, éstas son algunas sugerencias.

1. No, there's only one patient ahead of them.
2. She is sick.
3. She believes her sister has a cold.
4. Anna thinks so because Mary has warm cheeks.
5. Well, that's what John thinks.

Gramática Básica

El **tiempo pasado** de los verbos en inglés puede ser regular o irregular. Los verbos regulares se forman agregando –**ed** o –**d** al final de los verbos. En cambio, los verbos irregulares se modifican poco, mucho o nada de su forma simple, por lo cual es importante memorizarlos (revisar lista en apéndice de verbos irregulares al finalizar las lecciones). La forma en pasado de los verbos siempre es una sola, es decir no cambia en primera (I), segunda (you) o tercera persona (he, she, it).

Regular Verbs	Verbos Regulares
I wait**ed** for the doctor. (wait)	Yo esperé al doctor.
Kate sneeze**d** all morning. (sneeze)	Kate estornudó toda la mañana.
They cough**ed** at the doctor's. (cough)	Ellos tosieron con el doctor.
Irregular Verbs	**Verbos Irregulares**
I **thought** she **was** sick. (think, is)	Yo pensé que ella estaba enferma.
You **told** the nurse it **was** your turn. (tell, is)	Tu le dijiste a la enfermera que era tu turno
Janette and Pam **ate** a whole pizza. (eat)	Janette y Pam comieron toda una pizza.

LESSON 10. GOOD HEALTH
BUENA SALUD

Anna **John, I think you're gaining weight.**
Yon, ái tzink yu:r géining wuéit.
Juan, creo que estás ganando peso.
That big stomach of yours was flat once!
Dat big stómak of yurs wuás flat uáns!
Ese gran estómago tuyo estuvo plano una vez.

John **It must be all the fast food I eat,**
It mó-st bi: o-l de fast fud ái i:t,
Debe ser toda la comida rápida que como,
when I don't come home for dinner.
wuén ái don't com jóum for díner.
Cuando no vengo a casa a cenar.

Anna **Definitely home cooking is healthier and**
Défe-ne-tli jóum kú:king is jéltzier and
Definitivamente la comida casera es más saludable y
I also know some good exercises to cure that.
Ái ó-lso nóu som gud exé-rsaises tu kíur dat.
También conozco algunos buenos ejercicios para curar eso
Stretch out on the floor –face up.
Stretch áut on the flor –féis o-p.
Estírate en el piso -cara hacia arriba.
Now fold your hands behind your neck,
Náw fold yu-r jands bijáind yur nek,
Ahora dobla las manos atrás de tu cuello,
and keep your body stiff and straight.
and kip yu-r bódi stif and stréit.
Y mantén tu cuerpo rígido y derecho.

John **Now what do I do?**
Naw wuat du ái du?
Y ¿Ahora qué hago?

Anna **Sit up without bending your legs.**
Sit o-p wuidáut bénding yu-r legs.
Siéntate sin doblar tus piernas.
No, no! Don't move your toes or heels.
No, no! Dont muv yu-r tóus or jí:ls.
No, no! No muevas tus dedos del pie o tus talones.

John **But I can't lift myself more than some inches.**
Bó-t ái cant lift maisélf mor dan som ínches.
Pero no puedo levantarme más que unas pulgadas.

My abdominal muscles must be really soft.
Mái abdóminal múse-ls mo-st bi ríli soft.
Mis músculos abdominales deben estar realmente blandos.

Anna   **They'll become hard as a rock,**
Deil bicóm jard as a rok,
Se pondrán tan duros como una roca,
if you do this regularly. One, two, three, four, five...
If yu du dis réguiularly. Uán, twú, tzri; fo-r, fáiv...
Si haces esto regularmente. Uno, dos, tres, cuatro, cinco...

John   **Ah! Let me catch my breath.**
Ah! Let mi: catch mái bretz.
¡Ah! Déjame recuperar el aliento.

Anna   **Now lie down as before, but face down.**
Náu lái dawn as bifór, bo-t féis dawn.
Ahora recuéstate como antes pero cara abajo.
Try to push up with your hands. That's it!
Trái tu push o-p wuíd yur jands. Dats it!
Intenta empujarte hacia arriba con las manos. ¡Eso es!

John   **I feel as though I were pulling my chest apart.**
Ái fi:l as dou ái wuér púling mai chest apárt.
Yo siento como si me estuviera desgarrando el pecho.

Anna   **Keep it up, John! Don't give up! Up, down...**
Ki:p it o-p, Yon! Dont guív o-p! O-p, dawn...
¡Sigue así, Juan! ¡No te rindas! Arriba, abajo...
You could also try jogging a mile or two.
Yu: cud ó-lso trái yóging a máil or tu.
Podrías también intentar trotar una o dos millas.

John   **That will be too much for the moment!**
Dát wuil bi: tú: mó-ch for de móment!
¡Eso sería demasiado por el momento!

Palabras y Frases Nuevas

1. **already** ya
   a. **ready** listo
2. **apart** aparte, en partes
3. **become** convertirse, hacerse
4. **big** grande
5. **breath** aliento
6. **chest** pecho
7. **cure** curar, cura
8. **exercise** ejercicio, ejercitarse
9. **fast food** comida rápida
   a. **food** comida
10. **flat** plano
11. **fold** doblar

12. **give up** rendir; dejar
13. **heel** talón, tacón
14. **inch** pulgada
15. **lift** levantar
16. **muscle** músculo
17. **neck** cuello
18. **pull** estirar
    a. **press** presionar, prensar
    b. **squeeze** apretar;
19. **push** empujar
20. **rock** roca
    a. **stone** piedra
21. **soft** blando
    a. **soften** ablandar
22. **solid** sólido
23. **stiff** rígido
24. **stomach** estómago
25. **straight** derecho, recto
26. **stretch** extender, estirar
27. **toe** dedo del pie
28. **weight** peso
29. **without** sin

Ejercicios. Conteste en Inglés y de Manera Completa.

1. **What is making John too fat?**
   ¿Qué está haciendo que Juan engorde tanto?
2. **How will he lose weight?**
   ¿Cómo perderá él peso?
3. **What does Anna tell him to do?**
   ¿Qué le dice Ana qué haga?
4. **Is her first exercise easy for John?**
   ¿Es fácil su primer ejercicio para Juan?
5. **Is he able to do the second exercise any better?**
   ¿Puede hacer mejor el segundo ejercicio?
6. **How often should he exercise?**
   ¿Qué tan seguido debería él ejercitarse?

Respuestas. Las respuestas pueden variar de acuerdo al manejo de vocabulario de la persona, éstas son algunas sugerencias.

1. He says it must be all the fast food he eats when he's not home for dinner.
2. He'll get thinner only by exercising.
3. She tells him to lie down on the floor first.
4. No, he can only do it five times.
5. No, not much better.
6. He should exercise regularly.

Gramática Básica

El tiempo presente perfecto **(present perfect)** se utiliza más en idioma inglés que en español y nos sirve para explicar una actividad que se ha realizado hasta ahora.

Nombre o pronombre	Verbo to have conjugado	Verbo principal en pasado participio	complemento
Frank Frank	**has** ha	**eaten** comido	**a lot of meat.** mucha carne
Mrs. Godard La Sra. Godard	**hasn't** no ha	**finished** terminado	**shopping yet** de comprar aún.
They Ellos	**have** han	**worked** trabajado	**a lot today.** mucho hoy.
He Él	**has** ha	**studied** estudiado	**for tomorrow's exam.** para el examen de mañana.
Pete and Justin Pete y Justin	**haven't** no han	**taken** tomado	**the medicine yet.** la medicina aún.
We Nosotros	**have** hemos	**done** hecho	**our exercise routine.** nuestra rutina de ejercicio.

LESSON 11. AN EMERGENCY. GETTING HELP
UNA EMERGENCIA. OBTENIENDO AYUDA

Anna **Mary, come here this minute!**
Méri, com jir dis mínut!
¡María, ven aquí en este momento!

Mary **What is it? What's the trouble?**
Wuát is it? Wuáts de tro-bl?
¿Qué sucede? ¿Cuál es el problema?

Anna **Mom fainted. She's on the floor!**
Mom féinted. Shis on de flor.
Mamá se desmayó. Está en el suelo.

Mary **I'll call an ambulance... but I lost the hospital's number.**
Áil co-l an ámbiulans... bo-t ái lost de jóspitals nó-mber.
Yo llamaré a una ambulancia... pero perdí el número del hospital.

Anna **Go look it up on the yellow pages.**
Go luk it up on de iélou péiye-s.
Ve y búscalo en la sección amarilla.

Mary **Found it! Operator? I need an ambulance.**
Fáund it! Operéitor? Ái ní:d an ámbiulans.
¡Lo encontré! Operadora? Necesito una ambulancia.

Operator **What's your address?**
Wuáts yur ádres?
¿Cuál es su dirección?

Mary **1274 Silverlake Rd.**
Tuélf séventy fo-r Sílverleik Róud.
1274 Camino Lago Plateado,

Operator **Can you tell me what the problem is?**
Can yu tel mi wuát de próblem is?
¿Me puede decir cuál es el problema?

Mary **Our mother fainted. She's lying on the floor.**
Áur móder féinted. Shis láing on the flor.
Nuestra madre se desmayó. Está tirada en el suelo.

Operator **Did she hit herself with something?**
Did shi jit jérself wuíd sómtzing?
¿Se golpeó ella con algo?

Mary **We don't know. She was OK an hour ago.**
Wuí dont nów. Shi wuás o kéi an áu-r agó.
Nosotras no sabemos. Estaba bien hace una hora.

Will the ambulance be here soon?
Wuíl de ámbiulans bi: jir sun?
¿Estará la ambulancia aquí pronto?

Operator **It's already on its way.**
Its ó-lredy on its wuéi.
Ya está en camino.

But it won't arrive before ten minutes.
Bo-t it wuónt arráiv bifór ten mínuts.
Pero no llegará antes de diez minutos.

Anna   **It seems Mom is coming to herself.**
It sí:ms Mom is cóming tú jerself.
Parece que Mamá se está recuperando.

Mary   **OK. Then, let's just wait for the paramedics.**
O kéi. Den, lets jo-st wuéit for de paramédics.
Está bien. Entonces, vamos sólo a esperar a los paramédicos.

Palabras y Frases Nuevas

1. **address** dirección
2. **ago** hace
3. **already** ya
4. **ambulance** ambulancia
5. **arrive** llegar
6. **before** antes
    a. **after** después
7. **coming to oneself** recuperarse
8. **fainted** desmayado
9. **hour** hora
10. **just** justo, sólo, apenas
11. **look up** buscar en un texto
    a. **look for** buscar

12. **minute** minuto, momento
13. **paramedics** paramédicos
14. **seem** parecer
15. **Rd. road** camino
    a. **Dr. drive** calzada
    b. **St. street** calle
    c. **Av. Avenue** avenida
16. **trouble** problema
17. **wait** esperar
18. **way** camino
19. **yellow pages** sección amarilla (del directorio telefónico)

Ejercicios. Conteste en Inglés y de Manera Completa.

1. **What is the emergency?**
   ¿Cuál es la emergencia?
2. **Does Mary know the hospital's phone number?**
   ¿Sabe María el número telefónico del hospital?
3. **How does she get the number?**
   ¿Cómo obtiene ella el número?
4. **Will Ana and Mary drive their mother to the hospital?**
   ¿Llevarán en auto a su mamá al hospital Ana y María?
5. **How long will the ambulance take to get to the address?**
   ¿Cuánto tiempo le tomará a la ambulancia llegar a la dirección?

Respuestas. Las respuestas pueden variar de acuerdo al manejo de vocabulario de la persona, éstas son algunas sugerencias.

1. Ana and Mary's mother fainted and she is on the floor.
2. No, she doesn't.
3. She looks it up in the yellow pages.
4. No, they are going to wait for the paramedics.
5. The ambulance will take other ten minutes.

Gramática Básica

El tiempo futuro simple, nos permite hablar de eventos que tendrán lugar después del momento en que se habla, puede ser un instante después o años posteriores. Se requiere del auxiliar **will** o su negativo **won't (will not)** para este tiempo verbal.

Ejemplos:

Will the dinner be ready soon?
¿Estará la cena lista pronto?
No, it won't. It will still take another hour.
No, no estará. Aún tomará otra hora.

Will you go shopping today?
¿Irás de compras hoy?

Yes, I will go shopping in the afternoon.
Sí, iré de compras en la tarde.

Will the McLarens drive on their vacations?
¿Manejarán los McLaren en sus vacaciones?

No, they won't.
No, ellos no manejarán.

Won't Paul visit us soon? Yes, he will.
¿No nos visitará pronto Pablo? Sí, el nos visitará.

I	study.	Will	I		Yes,	I	will.
You will	come.		You		No,	I	won't.
He	wait.		He	eat?		you	
She	play.		She	faint?		he	
It won't	drive.	Won't	It	exercise?		she	
We			We	speak?		it	
You			You			we	
They			They			you	
						they	

El auxiliar **will** se puede contraer a un pronombre empleando la partícula '**ll**.
Ejemplos:

I will = **I'll**   You will = you'**ll**   she will = she'**ll**
they will = they'**ll**

He'll come on his next vacation.	El vendrá en sus próximas vacaciones.
It'll probably rain tomorrow.	Probablemente lloverá mañana.
We'll have a party in December.	Nosotros tendremos una fiesta en diciembre.

LESSON 12. TRAFFIC. TELLING THE TIME.
TRÁFICO. DICIENDO LA HORA

John **What time is it, Anna?**
Wuát táim is it, Ana?
¿Qué hora es Anna?

Anna **It's a quarter to seven.**
Its a kuárte-r tu séven.
Es cuarto para las siete.

John **We've been stuck in this traffic for half an hour.**
Wuí:v bi:n sto-k in dis tráfic for jalf an áu-r.
Hemos estado atorados en este tráfico durante media hora.

Anna **I should be home by now.**
Ái shud bi: jóum bai nau.
Yo debería estar en casa ahora.

John **I know, but we won't make it before seven o'clock.**
Ái now, bo-t wuí: wuónt méik it bifór séven o clok.
Yo sé, pero no lo lograremos antes de las siete en punto.

Anna **Probably, we can get on the carpool lane.**
Próbabli, wuí: can guét on de carpúl léin.
Probablemente, nos podamos subir al carril de alta ocupación.

John **It's no use. It's packed too.**
Its no iús. Its pakt tu:
No sirve de nada. También está abarrotado.

Anna **Bad luck! Then, let's just get off the freeway at the next exit.**
Bad lo-k! Den, lets jo-st guét of de frí:wuei at de next éxit.
¡Mala suerte! Entonces, salgámonos de la autopista en la próxima salida.

John **We'll have to take all Main Street.**
Wuíl jav tu: téik o-l méin strí:t.
Nosotros tendremos que tomar toda la Calle Principal.

Anna **Yes, but just to the second traffic light; then we'll make a right on Hill Dr.**
Yes, bo-t jo-st tu: de sécond tráfic láigt; den wi:l méik a ráit on jill dráiv.
Si, pero sólo hasta el segundo semáforo; entonces daremos vuelta a la derecha en la Calzada Colina.

John   **That sounds good. We'll maybe at your house at
       seven and ten.**
       Dat sáunds gu:d. Wuíl meíbi at yu-r jáus at séven and
       ten.
       *Eso suena bien. Posiblemente nosotros estaremos en tu
       casa a las siete y diez.*
Anna   **OK. That's the best we can do.**
       Okéy dats de best wi: can du.
       Está bien. Eso es lo mejor que podemos hacer.

Palabras y Frases Nuevas

1. **the   best**
   el/la(s)/lo(s)
   mejor(es)
   a. **the   worst**
      el/la(s)/lo(s)
      peor(es)
2. **carpool lane** carril
   reservado   para   los
   vehículos   con   un
   conductor y al menos
   un pasajero también
   llamados **express
   lane,   commuter
   lane, diamond lane,
   transit lane o high-
   occupancy   vehicle
   lane (HOV lane)**.
3. **freeway** autopista
4. **get on** subirse
5. **get off** bajarse
6. **half** media (o), mitad

7. **house** casa
8. **main** principal
9. **may**   puede;
   posibilidad
10. **next**   siguiente;
    después
11. **now** ahora
12. **packed** abarrotado;
    lleno
13. **quarter** cuarto
14. **right** derecha
    a. **left** izquierda
15. **should be** debería
    ser
16. **sound**   sonido;
    suena
17. **stuck** atorado
18. **take** tomar
19. **traffic** tráfico
20. **traffic**   light
    semáforo

Ejercicios. Conteste en Inglés y de Manera Completa.

1. **Who has to arrive home soon?**
   ¿Quién tiene que llegar pronto a casa?
2. **Will they get home by seven?**
   ¿Llegarán ellos a casa a las siete?

3. **Should they take the carpool lane?**
   ¿Deberían ellos tomar el carril para vehículos de alta ocupación?
4. **Will they take an exit?**
   ¿Tomarán ellos una salida?
5. **At what time will they probably arrive?**
   ¿A qué hora llegarán ellos probablemente?

Respuestas. Las respuestas pueden variar de acuerdo al manejo de vocabulario de la persona, éstas son algunas sugerencias.

1. Anna has to arrive home soon.
2. No, they won't arrive home by seven.
3. No, they shouldn't take the carpool lane because it's packed.
4. Yes, they will take the next exit.
5. They will probably arrive at seven and ten (minutes).

Gramática Básica.

Para decir la hora en la que se realizan actividades en inglés, existen distintos formatos, de acuerdo a qué fracción de la hora nos referimos o a la hora en punto.

1:00	It's one o'clock.	12:45	It's a quarter to one.
3:00	It's three o'clock.	6:10	It's six ten.
8:30	It's eight thirty.	10:20	It's ten twenty.
11:30	It's half past eleven.	11:52	It's eleven fifty-two.
5:15	It's five fifteen.	4:47	It's four forty-seven.
9:15	It's a quarter after nine.	12:00 pm	It's noon.
7:45	It's seven forty-five.	12:00 am	It's midnight.

UNIT 2. FAMILY AND FRIENDS
UNIDAD 2. FAMILIA Y AMIGOS

LESSON 13. BOYFRIEND AND GIRLFRIEND: A COUPLE
NOVIO Y NOVIA: UNA PAREJA

Anna **John, am I pretty?**
Yon, am ái prí:ti?
¿Soy bonita, Juan?

John **No, you're not.**
No, yur not.
No, no lo eres.

Anna **You're mean! I hate you!**
Yur mín! Ái jéit yu:.
¡Eres malo! ¡Te odio!

John **Don't cry, Miss Funny Face. Sure, you're pretty.**
Dont crái, mis fó-ni féis. Shur yur prí:ti.
No llores, Señorita Cara Rara. Claro, eres bonita.

Anna **I don't believe you. Tell me why.**
Ái dont bilív yu. Tel mi wuái.
No te creo. Dime por qué

John **Because you have beautiful, curly hair and big, bright eyes**
Bicós yu jav biútifo-l, cu-rly he-r and big, bráit áis.
Porque tienes cabello hermoso, rizado y grandes, brillantes ojos.
Your nose is small and cute. Your lips are very red.
Yur nóus is smo-l and kíut. Yur lips ar véri red.
Tu nariz es pequeña y linda. Tus labios son muy rojos.
Your cheek has a dimple, so has your chin.
Yur chí:k jas a dimpl, so jas yur chin.
Tu mejilla tiene un hoyuelo, así como tu barbilla.
Your teeth are very white and your smile is nice and sweet
Yur tí:t ar véri wuáit and yur smáil is náis and swuí:t.
Tus dientes son muy blancos y tu sonrisa es linda y dulce.

Anna **I love you John, but don't ever make fun of me.**
Ái lov yu Yon, bo-t dont éver méik fo-n of mi.
Te amo Juan, pero nunca te burles de mí.

John **OK., funny face.**
Okéy, fo-ni féis.
Está bien, carita rara.

Palabras y Frases Nuevas

1. **beautiful** hermosa(o)
2. **because** porque
3. **believe** creer
4. **bright** brillantes
5. **cheek** mejilla, cachete
6. **chin** barbilla
   a. **jaw** mandíbula, quijada
7. **cry** llorar
8. **curly** ondulado, rizado
9. **cute** linda(o), mona(o)
10. **dimple** hoyuelo
11. **ever** siempre
    a. **never** nunca
12. **eye** ojo
13. **face** cara
14. **fun** diversión
    a. **make fun of** burlarse de
15. **hair** cabello, pelo
16. **hate** odiar
17. **lip** labio
18. **mean** malo, desconsiderado
19. **nose** nariz
20. **pretty** bonita(o)
21. **red** rojo
22. **smile** sonrisa, sonreir
23. **sweet** dulce
    a. **sour** agrio
24. **tell** decir
25. **tooth** diente
    a. **teeth** dientes
26. **white** blanco

Ejercicios. Conteste en Inglés y de Manera Completa.

1. **Is John really mean?**
   ¿Es Juan en realidad malo?
2. **Does Anna really hate John?**
   ¿Ana realmente odia a Juan?
3. **Does she have straight hair?**
   ¿Ella tiene el cabello lacio (liso)?
4. **Her nose is big, isn't it?**
   Su nariz es grande, ¿no lo es?
5. **There's a dimple in her cheek, but there isn't one in her chin, is there?**
   Hay un hoyuelo en su mejilla, pero no hay uno en su barbilla, ¿lo hay?
6. **What does John call her?**
   ¿Cómo le dice Juan?

Respuestas. Las respuestas pueden variar de acuerdo al manejo de vocabulario de la persona, éstas son algunas sugerencias.
1. No, he isn't. He's only joking.
2. No, she doesn't really hate him.
3. No, she has curly hair.
4. No, it isn't. Her nose is small and cute.
5. Yes, her cheek has a dimple and her chin has one too.
6. John calls her 'Miss Funny Face'.

Gramática Básica.

El modo verbal imperativo **(imperative)** nos facilita dar órdenes o hacer peticiones de modo enfatizado. En el imperativo, el verbo no se conjuga, por tanto los auxiliares se emplean como en primera persona; tampoco se escribe el nombre de la persona o el pronombre. Se emplean signos de admiración (¡!) cuando deseamos hacer un mayor énfasis en lo que decimos.

Ejemplos:

Go away!	¡Vete!
Don't cry!	¡No llores!
Bring me the yellow pages.	Traeme las páginas amarillas.
Don't forget to cook dinner tonight.	No olvides cocinar la cena esta noche.
Stop making fun of me!	¡Deja de burlarte de mí!

LESSON 14. PLANNING THE FAMILY
PLANEANDO LA FAMILIA

Anna **I'd like to have a big family.**
Áid láik tú: jav a big fámili.
Me gustaría tener una familia grande.

John **What did you say? What would you like?**
Wuát did yú: séi? Wuát wu-d yú: láik?
¿Qué fue lo que dijiste? ¿Qué es lo que te gustaría?

Anna **Didn't you hear me? Should I shout?**
Didnt yú: jir mi? Shud ái sháut?
¿No me escuchaste? ¿Debería yo de gritar?

I'd like a big family. Three boys and three girls.
Áid láik a big fámili. Tzrí: bois and tzrí: ge-rls.
Me gustaría una familia grande. Tres niños y tres niñas.

John **Six children? Those are a lot of pregnancies, aren't they?**
Six chíldren? Dóus ar a lot of prégnancis, arnt déy?
¿Seis niños? Esos son muchos embarazos, ¿no lo son?

Anna **I don't mind pregnancies. They would be just right.**
Ái dont máind prégnancis. Déy wud bí: jo-st ráigt.
No me importan los embarazos. Estarían perfectos.

John **One child is enough for me. Well, maybe two children.**
Uán cháild is inóf for mi:. Wuél, méibi tú: chíldre-n.
Un niño es suficiente para mí. Bueno, tal vez dos niños.

A small family –one son and one daughter.
A smo-l fámily –uán son and uán dóre-r.
Una familia pequeña –un hijo y una hija.

Anna **Every family ought to be bigger than that.**
Évri fámili o-t tú: bí: bíger dan dat.
Cada familia debería ser más grande que eso.

Your wife might want more than two.
Yur wuáif máit wuánt mor dan tu:.
Tu esposa podría querer más de dos.

John **Your husband might want less than six.**
Yur jó-sband máit wuánt les dan six.
Tu esposo podría querer menos que seis.

Anna **We shouldn't fight. But must you always have your own way?**
Wi: shudnt fáigt. Bo-t mo-st yu: ó-lwueis jav yur ówun wuéy?
No deberíamos de pelear. Pero, ¿tienes siempre que salirte con la tuya?

John **I didn't say that. But think about the world's conditions.**
Ái didnt séi dat. Bo-t dzink abáut de wuórlds condíshions.
Yo no dije eso. Pero piensa en las condiciones del mundo.
Six children! I feel sorry for the man you marry.
Six children! Ai fi:l sórri for de man yu: mérri.
¡Seis niños! Siento lástima por el hombre con quien te cases.

Anna **How dare you! But you don't have to feel sorry, it won't be you!**
Jáu der yu:! Bo-t yu: dont jav tu: fil sórri, it wont be yu:!
¿Cómo te atreves? Pero no tienes que sentir lástima, no serás tú!

Palabras y Frases Nuevas

1. **always** siempre
2. **boy** niño, muchacho
3. **child** niño, niña, hijo, hija
   a. **children** niños, hijos
   b. **baby** bebe, nene, nena
4. **dare** atrever(se); retar, reto
5. **daughter** hija
6. **enough** suficiente
7. **family** familia
8. **fight** pelear, pelea
9. **girl** niña
10. **hear** oir
11. **husband** esposo, marido
12. **less** menos
   a. **least** lo menos
13. **might** poder (podría)
14. **never** nunca
15. **ought** deber (debería)
16. **own** propio(a)
17. **pregnancy** embarazo
   a. **pregnancies** embarazos
18. **say** decir
19. **should** deber (debería)
20. **shout** gritar, grito

a. **yell**   gritar,
   grito
21. **small** pequeño(a)
22. **son** hijo
23. **sorry**   pesaroso,
    sentirlo
24. **wife** esposa

a. **wives**
   esposas
25. **would** (terminación
   –ría de cualquier
   verbo que sigue)
26. **world**   mundo

Ejercicios. Conteste en Inglés y de Manera Completa.

1. **Does Anna want a big family?**
   ¿Quiere Ana una familia grande?
2. **Four children would be just right, wouldn't it?**
   Cuatro niños sería perfecto, ¿no lo sería?
3. **How big a family would John like?**
   ¿Qué tan grande quisiera Juan una familia?
4. **Should couples ever fight?**
   ¿Deberían pelearse las parejas?
5. **Whom does John feel sorry for?**
   ¿Por quién siente lástima Juan?

Respuestas. Las respuestas pueden variar de acuerdo al manejo de vocabulario de la persona, éstas son algunas sugerencias.

1. Yes, she wants a big family.
2. No, six children would be just right.
3. John wants a small family of two children.
4. No, couples should never fight.
5. John feels sorry for the man Anna marries.

Gramática Básica

Los condicionales son auxiliares que se le anteponen al verbo para determinar una posibilidad, una recomendación o una obligación. Los negativos de las palabras condicionales se pueden emplear agregando la partícula **not** o en la mayoría de los casos con contracción **n't.**

I		I		I	
You	must	You	must not	You	mustn't
He	might	He	might not	He	mightn't
She	may	She	may not	She	mayn't
It	ought to	It	ought not to	It	oughtn't to
We	should	We	should not	We	shouldn't
You	would	You	would not	You	wouldn't
They		They		They	

Examples:

David **must go** to the doctor.
David debe ir al doctor.
Children **mustn't play** without supervision of an adult.
Los niños no deben jugar sin supervisión de un adulto.
Anna **might have** several pregnancies.
Ana podría tener varios embarazos.
You **mightn't finish** doing your work on time.
Tú podrías no terminar de hacer tu trabajo a tiempo.
We **may come** tomorrow to visit you.
Nosotros posiblemente vengamos mañana a visitarte.
I **may not go** to the movies on Friday.
Yo posiblemente no vaya al cine el viernes.
The Parkers **ought to buy** a new car.
Los Parker deberían comprar un automóvil nuevo.
She **oughtn't go out** with that funny man.
Ella no debería salir con ese hombre extraño.
It **should be** the correct answer to the exam.
Esa debería ser la respuesta correcta para el examen.
Couples in love **shouldn't fight**.
Las parejas enamoradas no deberían pelear.
Mary and Louis **would like** to go on a vacation.
A María y a Luisa les gustaría irse de vacaciones.
We **wouldn't have** fish for dinner.
A nosotros no nos gustaría comer pescado para la cena.

LESSON 15. GETTING ENGAGED
EL COMPROMISO

Anna **I'm sorry about yesterday. Please forgive me, John.**
Áim sórri abáut yésterdei. Plis forguív mí, Yon.
Siento mucho lo de ayer. Por favor perdóname, Juan.

John **Oh, forget it. It was all my fault.**
O, forguét it. It wuás o-l mái fo-lt.
O, olvídalo. Todo fue mi culpa.

Anna **No, I blame myself. I acted like a fool.**
No, ái bléim maisélf. Ái ácted láik a fu:l.
No, yo tengo la culpa. Me porté como una tonta.

John **No, no! You didn't. I'm ashamed of myself.**
No, no! Yú: didnt. Áim ashéimd of maisélf.
¡No, no! No lo hiciste. Yo estoy avergonzado de mi mismo.

Anna **You ought to be angry with me.**
Yu: o-t tu: bi: ángri wuíd mi:.
Debes estar enojado conmigo.

John **On the contrary. Close your eyes for a second, Anna.**
On de cóntrari. Clóus yur áis for a sécond, Ana.
Por el contrario. Cierra tus ojos un segundo, Ana.

Anna **Why? What's the matter?**
Wuái? Wuáts de márer?
¿Por qué? ¿Cuál es el problema?

John **Now open them, and open this box.**
Náu óupen dem, and óupen dis box.
Ahora ábrelos, y abre esta caja.

Anna **John! A ring? For me? I can't believe it!**
Yon! A ring? For mi:? Ái cant belív it!
¡Juan! ¿Un anillo? ¿Para mí? ¡No lo puedo creer!

John **Let me put it on your finger.**
Let mí: put it on yur fínguer.
Déjame ponértelo en el dedo.

Anna **What a great surprise! Wake me up –I'm still dreaming!**
Wuát a gréit so-rpráis! Wuéik mí o-p –Áim stil dríming!
¡Qué enorme sorpresa! ¡Despiértame –todavía estoy soñando!

John **No, you're not asleep. I want to marry you.**
No, yur not aslí:p. Ái wuánt tú méri yu.
No, no estás dormida. Yo quiero casarme contigo.

Anna   **Oh, I'm so happy! Kiss me, John.**
O, áim so japi! Kis mi: Yon.
¡Oh, estoy tan feliz! Bésame, Juan.

Palabras y Frases Nuevas

1. **act** portarse, actuar
2. **angry** enojado(a)
3. **ashamed** avergonzado(a)
   a. **bashful**, shy tímido
   b. **shame** vergüenza
4. **asleep** dormido(a)
5. **blame** culpar, culpa
6. **box** caja
   a. **bag** saco, bolsa
7. **close** cerrar; cerca
   a. **lock** cerrar con llave; cerradura
8. **fault** culpa
9. **finger** dedo
   a. thumb pulgar
10. **fool** tonto(a); engañar
    a. **dumb** estúpido(a); mudo(a)

b. **stupid** estúpido(a)
c. **silly** necio(a), tonto(a)
11. **forget** olvidar
12. **forgive** perdonar
13. **kiss** besar; beso
14. **marry** casarse
15. **matter** importar; asunto
    a. **be the matter** pasar; ser el asunto
16. **open** abrir; abierto
17. **ring** anillo
18. **second** segundo
19. **still** aún, todavía
20. **surprise** sorpresa; sorprender
21. **wake** despertar
22. **yesterday** ayer

Ejercicios. Conteste en Inglés y de Manera Completa.

1. **What is Anna sorry about?**
   ¿Sobre qué está apenada Ana?
2. **Does John forgive her?**
   ¿La perdona Juan?
3. **Whose fault was it?**
   ¿De quién es la culpa?
4. **What does John give Anna?**
   ¿Qué le da Juan a Ana?
5. **I think they're both happy, don't you?**
   Pienso que ambos están felices, ¿Y tú?

Respuestas. Las respuestas pueden variar de acuerdo al manejo de vocabulario de la persona, éstas son algunas sugerencias.

1. Anna is sorry about the fight yesterday.
2. Yes, John forgives her immediately.
3. John says it was his fault.
4. He gives her a ring.
5. Yes, I think both are very happy.

Gramática Básica.

Las **tag questions (preguntas anexas)** son preguntas que agregamos al finalizar una afirmación o negación y que nos permiten asegurarnos de la opinión de la otra persona. Si la oración es afirmativa, la **tag question** deberá ser negativa y si la oración es negativa, la **tag question** deberá ser afirmativa. El interlocutor deberá contestar como si toda la oración fuera una sola pregunta.

Oración con tag question	Posible respuesta de interlocutor
I think Diego is the one to blame, don't you? Yo creo que Diego es el culpable, ¿ tú no?	**No, I think it was Oliver's fault.** No, yo creo que es culpa de Oliver.
Lilian and Paty are ashamed of themselves, aren't they? Lilian y Paty están avergonzadas de sí mismas, ¿no lo están?	**Well, they should. They acted terribly wrong.** Bueno, deberían. Ellas actuaron terriblemente mal.
They aren't forgetting the problem easily, are they? Ellos no están olvidando el problema fácilmente, ¿lo están?	**No, they arent.** No, no lo están.
It isn't going to rain today, is it? No lloverá hoy, ¿lo hará?	**I'm not sure. Probably it isn't.** No estoy seguro. Probablemente no

LESSON 16. MANNERS
MODALES

Anna   **Mary, watch your manners at the table. You must behave like a lady.**
Meri, wuátch yur máners at de téibl. Yu mó-st bijéiv láik a léidi
María, vigila tus modales en la mesa. Debes comportarte como una dama.
You're almost sixteen years old, and your big party is coming!
Yur ó-lmoust sixtí:n yirs old, and yur big párti is cóming!
Tú ya casi tienes dieciséis años, ¡y tu gran fiesta está por venir!

Mary   **What am I doing wrong?**
Wuát am ai dúing rong?
¿Qué estoy haciendo mal?

Anna   **You shouldn't make noise while you're eating.**
Yu: shudnt méik nois wuáil yur íting.
No deberías hacer ruido cuando estás comiendo.

Mary   **It's hard not to with soup.**
Its jard not tu: wuíd su:p.
Es difícil no hacerlo con la sopa.

Anna   **It isn't, if you're careful. Don't reach out across the table.**
It isnt if yur kérful. Dont rich áut acrós de téibl.
No lo es si eres cuidadosa. No te atravieses sobre la mesa.
Ask us to pass the food to you. And don't put a lot on your plate.
Ask o-s tu: pas de fúd tu: yu:. And dont pu-t a lot on yur pléit.
Pídenos que te pasemos la comida. Y no pongas demasiado en tu plato.

Mary   **Even if I'm hungry? Starving?**
Íven if áim jó-ngri? Stárving?
¿Incluso si estoy hambrienta? ¿Muriéndome de hambre?

Anna   **You can always ask for more.**
Yu: can ó-lwueis ask for mor.
Siempre puedes pedir más.

Mary   **But there may be nothing left.**
Bo-t der méi bi: nótzing left.
Pero, puede que no quede nada.

Anna   **Don't pick up too much food with your spoon or fork.**
Dont pik o-p tú: mo-ch fú:d wuíd yur spú:n or fork.
No recojas demasiada comida con tu cuchara o tenedor.
And never put your knife in your mouth.
And néver put yu:r náif in yur máud.
Y nunca pongas el cuchillo en tu boca.
Mary   **I never do –that would be foolish.**
Ái néver dú –dat wud bi: fú:lish.
Nunca lo hago –eso sería tonto.
Anna   **Please use your napkin more often. People are judged by their manners.**
Plis iús yur nápkin mor ófen. Pipl ar jó-dch bái déir máners.
Por favor, utiliza tu servilleta más seguido. La gente es juzgada por sus modales.
Mary   **Oh, let me enjoy my coffee and cake!**
O, let mí: enyói mái cófi: and kéik.
O, déjame disfrutar mi café y pastel.

Palabras y Frases Nuevas

1. **behave**
comportarse, conducirse
2. **careful** cuidadoso(a)
   a. **be careful** tener cuidado
3. **enjoy** gozar, disfrutar
   a. **joy** gozo
4. **fork** tenedor
5. **hungry** hambriento (a)
   a. **be hungry** estar hambriento(a)
6. **judge** juzgar; juez
7. **knife** cuchillo
   a. **knives** cuchillos
8. **lady** dama
9. **lot** mucho
10. **manners** modales
11. **mouth** boca
12. **noise** ruido
13. **pass** pasar
14. **pick** escoger
   a. **pick up** levantar, recoger
15. **plate** plato
   a. **cup** taza
   b. **glass** vaso
16. **reach** alcanzar
   a. **reach across** alcanzar por encima
17. **sixteen** dieciséis
18. **spoon** cuchara
19. **starve** morir de hambre
20. **table** mesa
21. **year** año

Ejercicios. Conteste en Inglés y de Manera Completa.

1. **Does Mary have good table manners?**
    ¿Tiene María buenos modales en la mesa?
2. **How old is she?**
    ¿Qué edad tiene?
3. **Should she make noise while eating?**
    ¿Debería ella hacer ruido mientras come?
4. **She should use her napkin often, shouldn't she?**
    Ella debería usar su servilleta seguido, ¿no debería?
5. **How are people judged?**
    ¿Cómo es juzgada la gente?

Respuestas. Las respuestas pueden variar de acuerdo al manejo de vocabulario de la persona, éstas son algunas sugerencias.
1. Anna doesn´t think so.
2. She is fifteen years old now.
3. No, she shouldn't make noise while eating.
4. Yes, she should.
5. Anna says we are judged by our manners.

Gramática Básica

Tradiciones: En México, las jóvenes adolescentes que cumplen quince años, pueden tener una gran celebración, puesto que comienzan una vida de señoritas. En el caso de los Estados Unidos existe una fiesta similar pero que se les celebra a las jóvenes a los dieciséis años de edad. Las señoritas celebran sus 'sweet sixteen'.

Example: We are celebrating Alexandra's sweet sixteen.
        Nosotros estamos celebrando los dieciséis años de Alexandra.

LESSON 17. HAPPY BIRTHDAY!
¡FELIZ CUMPLEAÑOS!

Peter **Anna! John! I'm glad to see you both. But why didn't you phone?**
Ana! Yon! Áim glad tu: si: yu: bóud. Bo-t wuái didnt yu: fóun?
¡Ana! ¡Juan! Estoy alegre de verlos a ambos. Pero ¿Por qué no llamaron?

John **We wanted to surprise you. Our other friends are coming too.**
Wuí: wánte-d tu: so-rpráis yu:. Áur óder frends ar cóming tu:.
Queríamos sorprenderlos. Nuestros otros amigos también vendrán.

Anna **Happy birthday, Peter!**
Jápi bé-rdei, Píter.
¡Feliz cumpleaños, Pedro!

Peter **Thank you Anna. You didn't forget.**
Tze-nk yu: Ana. Yu: didnt forguét.
Gracias Ana, no lo olvidaste.

Anna **We'll have a small party right here.**
Wuíl jav a smó-l párti ráigt jir.
Tendremos una pequeña fiesta justo aquí.

Peter **My place is a mess. Everything is mixed up.**
Mái pleís is a mes. Évritzing is mixd o-p.
Mi apartamento es un desorden. Todo está revuelto.

Anna **Never mind. We'll help you clean it up.**
Néver máind. Wil jelp yu klín it o-p.
No te preocupes. Nosotros te ayudaremos a limpiarlo.

John **The others are here. Give me the bottle of wine –you cut the cake.**
Di: óders ar ji:r. Giv mi: de botl of wuáin –yu: co-t de kéik.
Los demás están aquí. Dame la botella de vino –tú parte el pastel.

Let's drink a toast to a great lawyer.
Lets drink a tóust tu: a gréit ló-yer.
Hagamos un brindis por un gran abogado.

Anna **To Peter, all the luck in the world!**
Tu: Píter, o-l de lo-k in de wuórld.
A Pedro, toda la suerte del mundo!

Others **Cheers!**
Chí:rs!
¡Salud!
John   **May your cases bring you great fame and wealth.**
Méi yu:r kéises bring yu: gréit féim and weltz.
Que tus casos te traigan gran fama y riqueza.
Peter   **For someone twenty-five years old, that's too much to wish for.**
For sómuan twuénti-faiv yi:rs old, dats tú: mo-ch to wish for.
Para alguien de veinticinco años, eso es demasiado pedir.
There's a lot of work ahead of me.
Ders a lot of wuórk ajéd of mi:
Tengo mucho trabajo por delante.
Anna   **We won't hold you back. But surely you don't want to be alone today.**
Wuí: wont jold yu: bak. Bo-t shúrli yu: dont want tu: bi: alóun todéy.
No te retendremos. Pero seguramente no quieres estar solo el día de hoy.
Peter   **Of course not! Let's have another drink!**
Of co-rs not! Lets jav anóder drink!
¡Por supuesto que no! ¡Tomemos otra bebida!

Palabras y Frases Nuevas

1. **ahead** delante, al frente
2. **alone** solo
3. **birthday** cumpleaños
4. **bottle** botella
5. **bring** traer
6. **cheers!** ¡salud!
7. **clean** limpiar
8. **cut** cortar
9. **fame** fama
10. **hold** asir; mantener
    a. **hold back** retener
11. **mess** revuelto; desarreglado
12. **mind** cuidar; preocuparse; mente
13. **mix** desordenar; revolver; mezclar
14. **other** otro(a); otros(as)
15. **party** fiesta
16. **phone** llamar por teléfono; teléfono
    a. **call** llamar
17. **place** lugar (casa, apartamento)
18. **toast** brindar; brindis; tostada

19. **wealth** riqueza;
    fortuna
20. **wine** vino

21. **wish** desear; pedir
    (deseo)
22. **world** mundo

Ejercicios. Conteste en Inglés y de Manera Completa.

1. **Why did Anna and John want to surprise Peter?**
   ¿Por qué Ana y Juan querían sorprender a Pedro?
2. **What will the three of them do at Peter's place?**
   ¿Qué harán los tres en el apartamento de Pedro?
3. **Who opens the bottle of wine?**
   ¿Quién abre la botella de vino?
4. **They drink a toast, don't they?**
   Ellos hacen un brindis, ¿No es así?
5. **What do they wish for Peter?**
   ¿Qué desean ellos para Pedro?

Respuestas. Las respuestas pueden variar de acuerdo al manejo de vocabulario de la persona, éstas son algunas sugerencias.

1. Because today is his birthday.
2. They'll clean the place and have a small party.
3. John opens the bottle of wine.
4. Yes, they drink to Peter, the great lawyer.
5. They wish all the luck in the world, great fame and wealth.

Gramática Básica

Para preguntar la razón o el motivo de alguna acción o situación, en inglés, normalmente empleamos la palabra **Why** (Por qué) seguida del resto de nuestra interrogante. Para contestar este tipo de preguntas, usualmente utilizamos la palabra **Because** (Porque) seguida del resto de nuestra respuesta.

Why did the friends come to his place?	Because today is his birthday.
¿Por qué vinieron los amigos a su casa?	Porque hoy es su cumpleaños.

Why do you want to be alone? ¿Por qué quieres estar sola?	**Because I need to work a lot today.** Porque necesito trabajar mucho hoy.
Why won't the Smiths open the door? ¿Por qué no abrirán la puerta los Smith?	**Because probably, they aren't hcme.** Porque, probablemente, no están en casa.
Why is your dog looking so down? ¿Por qué está tu perro tan triste?	**Because it is very sick.** Porque está muy enfermo.

LESSON 18. A BIG WEDDING
UNA BODA GRANDE

Mary **Have you set the wedding day?**
Jáve yu: set de wuéding déi?
¿Han ustedes puesto el día de la boda?

Anna **Yes. Saturday the eighth of September, at   three o'clock in the afternoon.**
Yes. Sárurdei de- éigt of Septémber, at tzrí: o clok in de-afternún.
Sí. Sábado ocho de septiembre, a las tres en punto de la tarde.

Mary **I hope it's a big ceremony –just like in the movies.**
Ái joup its a big séremoni –jo-st láik in de múvis.
Espero que sea una gran ceremonia –como en las películas.

Anna **It will be –I promise you. We'll have it in the church on Fifth Street,**
It wuíl bi: -Ái próme-s yu:. Wuíl jav it in de cho-rch on Fifd Stri:t,
Lo será –te lo prometo. Será en la iglesia en la Quinta Calle,

the one with great big doors. I've always wanted to be married there.
de uán wuíd gréit big dors. Áiv ó-lwueis wantd tu: bi: mérid der.
la de grandiosas puertas. Yo siempre me he querido casar ahí.

We'll invite two hundred guests from among our relatives and friends.
Wuíl inváit tú: jó-ndred guests from amóng áur rélativs and fre-nds.
Invitaremos a doscientos asistentes de entre nuestros parientes y amigos.

Mary **Some may have to stand in the back of the church.**
Som méi jav tu: stand in de bak of de cho-rch
Algunos quizás tendrán que estar de pie en la parte trasera de la iglesia.

Anna **Probably. I'll wear a long dress of white silk.**
Próbabli. Áil wuér a long dres of wuáit silk.
Probablemente. Yo usaré un largo vestido de seda blanca.

And I'll have a big bunch of colorful flowers.
And áil jav a big bo-nch of cólorful fláwuers.
Y yo tendré un gran ramo de flores de colores.
The whole church will be so quiet, you'll be able to hear a pin drop,
De jol cho-rch wuíl bi: so kuáiet, yu'l be éibl tu: jir a pin drop,
La iglesia estará tan silenciosa, serás capaz de escuchar un alfiler caer,
while we promise to love and obey each other.
wuáil wuí próme-s tu: lov and obéi ich óder.
mientras nos prometemos amarnos y obedecernos el uno a la otra.

Mary **Anna, you'll make the most beautiful bride in all the wide world!**
Ana, yul méik de most biútifo-l bráid in de wáid world!
¡Ana, tú serás la más hermosa novia en todo el ancho mundo!

Palabras y Frases Nuevas

1. **afternoon** tarde
2. **among** entre
3. **be married** casarse
4. **bride** novia
   a. **groom** novio
5. **bunch** ramo, ramillete, manojo
6. **church** iglesia
7. **colorful** colorido; de colores
8. **date** fecha
9. **door** puerta
10. **drop** dejar caer
11. **eighth** octavo
12. **even** aún, hasta
13. **flower** flor
14. **great** grandioso; grande
15. **guest** invitado, asistente
16. **invite** invitar
17. **most** lo más
18. **movie(s)** película; cine
19. **obey** obedecer
20. **pin** alfiler
21. **promise** prometer; promesa
22. **relative** pariente
23. **wedding** boda
24. **whole** entero, completo
25. **wide** ancho
    a. **narrow** estrecho
26. **world** mundo

Ejercicios. Conteste en Inglés y de Manera Completa.

1. **When will John and Anna be married?**
   ¿Cuándo se casarán Juan y Ana?
2. **Where will the wedding take place?**
   ¿Dónde tendrá lugar la boda?
3. **To whom will Anna invite?**
   ¿A quién invitará Ana?
4. **Will the church hold those many guests?**
   ¿Podrá la iglesia albergar a tantos invitados?
5. **Will John want to have a big wedding also?**
   ¿Querrá Juan tener una gran boda también?

Respuestas. Las respuestas pueden variar de acuerdo al manejo de vocabulario de la persona, éstas son algunas sugerencias.

1. They'll marry on Saturday, September eighth.
2. The wedding will take place at the church on Fifth Street.
3. Anna will invite two hundred guests from among relatives and friends.
4. Probably it won't. Some guests will have to stand at the back of the church.
5. Anna doesn't know. She hasn't asked him yet.

Gramática Básica

Los adverbios de frecuencia (**frequency adverbs**) son palabras que califican al verbo que nos indica la periodicidad con que una actividad se desarrolla.

Frequency Adverbs	Adverbios de Frecuencia
Always	Simpre
Usually	Usualmente
Frequently	Frecuentemente
Often	Seguido
Sometimes	Algunas veces
Ocassionally	Ocasionalmente
Seldom	Pocas veces
Rarely	Raramente
Never	nunca

I always brush my teeth after meals.
Yo siempre me lavo los dientes después de comer.

Michael usually studies for his exams.
Miguel usualmente estudia para sus exámenes.

They frequently check the gas price.
Ellos frecuentemente verifican el precio de la gasolina.

Mildred and Daniel often fight.
Mildred y Daniel seguido pelean.

Oliver sometimes comes to visit us.
Oliver viene algunas veces a visitarnos.

That machine ocassionally works.
Esa máquina funciona ocasionalmente.

We seldom forget a party invitation.
Nosotras raras/pocas veces olvidamos una invitación.

My back rarely hurts when I exercise.
Mi espalda raramente me duele cuando me ejercito.

She is never on time for meetings.
Ella nunca está a tiempo para las juntas.

LESSON 19. A SMALL WEDDING
UNA BODA PEQUEÑA

Peter **Lots of luck, John. Anna is a sweet girl.**
Lots of lo-k, Yon. Ana is a swuí:t ge-rl.
Mucha suerte, Juan. Ana es una niña dulce.
When do you plan on getting married?
Wuén du: yu plan on guéting mérri-d?
¿Cuándo planean casarse?

John **Sometime in December –around Christmas.**
Sómtaim in De-cémber –arráund Christmas.
En algún momento en diciembre –al rededor de la Navidad.
Then I'll get a week off for our honeymoon. The summer and fall months
Den áil guét a wuí:k of for áur jónimu:n. De só-mer and fol monds
Entonces tendré una semana libre para nuestra luna de miel. Los meses de verano y otoño
–from June or July till November, are the busy seasons for our shop.
–from Yun or Yulái til Novémber, ar de bísi sísons for áur shop.
-de junio o julio hasta noviembre, son las temporadas ocupadas para nuestro taller.

Jack **Are you planning a fancy ceremony?**
Ar yu: pláning a fánsi séremoni?
¿Estás planeando una ceremonia elegante?

John **No! No! The small church on our block is perfect.**
No! No! De smo-l cho-rch on áur blok is pérfect.
¡No! ¡No! La pequeña iglesia en nuestra cuadra es perfecta.
That long walk down the aisle scares me.
Dat long wuó-k'dáun de áil skers mí:.
Esa larga caminata por el pasillo me asusta.
I can't stand a lot of fuss and bother.
Ái cant stand a lot of fo-s and bóder.
No puedo soportar tanto alboroto y molestia.

Jack **I know exactly what you mean. Big crowds are not for me either.**

Ái nóu exáctli wuát yu: min. Big cráuds ar not for mi: íder.

Yo sé exactamente lo que quieres decir. Las grandes multitudes tampoco son para mí.

John **I just want a simple and quiet wedding, with only a few close friends.**

Ái jo-st wuánt a simpl and kuáiet wuéding, wuíd ónly a fi:ú clóus fre-nds.

Yo sólo quiero una boda simple y tranquila, sólo con unos pocos amigos cercanos.

Jack **Anna may have other ideas, John. Women are all alike, you know.**

Ána méi jav óder aidías, Yon. Wuímen ar o-l aláik, yu: nóu.

Ana puede tener otras ideas, Juan. Las mujeres son todas parecidas, tú sabes.

Palabras y Frases Nuevas

1. **aisle** pasillo
2. **alike** igual, semejante
3. **around** alrededor
   a. **round** redondo
4. **block** cuadra
5. **bother** molestia; molestar
6. **Christmas** Navidad
7. **crowd** multitud
8. **either** o; tampoco
9. **exactly** exactamente
   a. **exact** exacto
10. **fancy** elegante
11. **fuss** alboroto, agitación
12. **honeymoon** luna de miel
13. **perfect** perfecto
14. **plan** planear; plano
15. **scare** asustar, aterrar
16. **season** estación, temporada
17. **until** hasta, a
    a. **till** hasta, a

Ejercicios. Conteste en Inglés y de Manera Completa.

1. **When does John plan to be married?**
   ¿Cuándo planea casarse Juan?
2. **How much time will he spend on his honeymoon?**
   ¿Cuánto tiempo pasará en su luna de miel?

3. **Would John also like a big, fancy ceremony?**
¿A Juan también le gustaría una gran y elegante ceremonia?
4. **What does he think of the fuss and bother of a wedding?**
¿Qué es lo que él opina del aboroto y molestia de una boda?
5. **His friend Jack doesn't agree with him, does he?**
Su amigo Jack no está de acuerdo con él, ¿lo está?

Respuestas. Las respuestas pueden variar de acuerdo al manejo de vocabulario de la persona, éstas son algunas sugerencias.

1. John plans his wedding for sometime in December.
2. He'll spend a week on his honeymoon.
3. No, he doesn't. He wants a small wedding.
4. He can't stand them.
5. His friend Jack does agree with him.

Gramática Básica

Los meses y las estaciones del año en idioma inglés se escriben siempre con mayúscula, al contrario del idioma español donde se escriben en minúscula, excepto, cuando son antecedidos por un punto o al inicio de un párrafo.

Months of the Year		Meses del Año	
January	enero	**July**	julio
February	febrero	**August**	agosto
March	marzo	**September**	septiembre
April	abril	**October**	octubre
May	mayo	**November**	noviembre
June	junio	**December**	diciembre

Seasons of the Year		Estaciones del Año	
Spring	primavera	**Fall/ Autumn**	otoño
Summer	verano	**Winter**	invierno

En inglés, también llamamos **season** a una temporada específica del año, no necesariamente a una estación. Por ejemplo, la temporada navideña **(Christmas season)** o la temporada de lluvias **(rainy season).**

LESSON 20. NEWLYWEDS
RECIÉN CASADOS

Ana   **I love this apartment. Aren't you glad we chose it?**
Ái lov dis apártment. Áre-nt yu: glad wuí: chóus it?
Adoro este apartamento. ¿No estás feliz de que lo eligiéramos?

Peter   **We? You mean you did. But it's very nice.**
Wuí:? Yu min yu: did. Bo-t its véri náis.
¿Nosotros? Quieres decir que tú lo escogiste. Pero es muy agradable.

Ana   **It will look really nice when it's all fixed up.**
It wuíl luk ríli náis wuén its o-l fíxe-d o-p.
Se verá realmente bien cuando todo esté arreglado.

Peter   **Let's pick out the colors for the painter.**
Lets pik áut de cólors for de péinter.
Elijamos los colores para el pintor.

Ana   **The walls of the kitchen should be light grey,**
De wuáls of de kítchen shud bí: láigt gréi.
Las paredes de la cocina deberían ser gris claro,
to match the stove, the refrigerator and the sink.
tu: match de stóuv, de refriyeréitor and de sink.
para hacer juego con la estufa, el refrigerador y el fregadero.

John   **A pale green for the dining room and blue for the living room.**
A péil grí:n for de dáining ru:m and blu: for de líving ru:m.
Un verde pálido para el comedor y azul para la sala.

Mary   **But those two rooms are joined together;**
Bo-t dóus tu: ru:ms ar yoínd tuguéder,
Pero esas dos habitaciones están unidas.
they should both be the same color.
dey shud bóud bi: de séim cólor.
ambos deberían ser del mismo color.

John   **You're right. It's really one single room. Very light green is fine.**
Yur ráigt. Its ríli uán singl ru:m. Véri láigt grí:n is fáin.
Tienes razón es en realidad una sola pieza. Verde muy claro está bien.

Ana **I'd love a pink bedroom, to match the lamps we got as a present.**

Áid lov a pink bédrum:, tu: match de lamps wuí: got as a présent.

Me encantaría un dormitorio rosado, para hacer juego con las lámparas que nos regalaron.

John **That's a funny reason for picking pink, don't you think?**

Dats a fó-ny rí:son for píking pink, dont yu: tzink?

Esa es una razón curiosa para elegir rosa, ¿no lo crees?

Ana **Please, John don't argue. How about painting the ceilings white?**

Plis, Yon dont árguiu. Jáu abáut péinting de sílings wuáit?

Por favor, Juan no discutas. ¿Qué tal pintar los techos blancos?

John **Very very light pink bedroom and white ceilings are fine.**

Véri véri láigt pink bédru:m and wuáit sílings ar fáin.

Un dormitorio rosado muy muy claro y techos blancos están bien.

Ana **Last comes the bathroom. I vote blue with tile to match.**

Last coms de batzrú:m. Ái vóut blu: wuíd táil tu: match.

Por último viene el cuarto de baño. Voto por azul con mozaicos a juego.

John **Blue it is, then. We forgot the doors, what do you think about brown?**

Blu: it is, den. Wuí: forgót de dors, wuát du: yu: tzink abáut bráun?

Azul es, entonces. Nosotros olvidamos las puertas, ¿qué opinas del café?

Ana **They'll look lovely in a maple shade.**

Déil lu:k lóvli in a méipl shéid.

Se verán adorables en un tono maple.

Palabras y Frases Nuevas

1. **argue** discutir, disputar, pelear
2. **bathroom** cuarto de baño

a. **bedroom** dormitorio, alcoba
b. **dining room** comedor

c. **living room** sala, salón
3. **blue** azul
   a. **black** negro
   b. **red** rojo
4. **brown** café, pardo
5. **ceiling** techo, cielo raso
   a. **roof** techo exterior
6. **choose** escoger, elegir
7. **gray** gris
8. **green** verde
9. **join** unir(se)
10. **kitchen** cocina
11. **lamp** lámpara
12. **last** último, final
13. **light** claro; luz
14. **match** hacer juego; juego
15. **new** nuevo
   a. **newly** recién
16. **painter** pintor
17. **pale** pálido
18. **pink** rosa, rosado
19. **present** regalar, regalo
20. **reason** razón
21. **refrigerator** refrigerador
22. **same** mismo, igual
23. **shade** tono, sombra
24. **single** sencillo, único
25. **sink** fregadero, lavaplatos
26. **stove** estufa
   a. **oven** horno
27. **tile** mozaico; azulejo
28. **together** juntos, reunidos
29. **vote** votar
30. **white** blanco
31. **yellow** amarillo

Ejercicios. Conteste en Inglés y de Manera Completa.

1. **Is the apartment painted yet?**
   ¿Ya está pintado el apartamento?
2. **What color does John choose for the dining room?**
   ¿Qué color elige Juan para el comedor?
3. **Shouldn't the dining room and the living room be painted in the same color?**
   ¿No deberían estar el comedor y la sala pintados del mismo color?
4. **Why does Anna wish the bedroom to be pink?**
   ¿Por qué Ana desea que el dormitorio sea rosado?
5. **What color do they prefer for all the ceilings?**
   ¿Qué color prefieren para todos los techos?

Respuestas. Las respuestas pueden variar de acuerdo al manejo de vocabulario de la persona, éstas son algunas sugerencias.

1. No, they have to choose the colors for the painter.
2. John chooses a pale green.
3. Yes, the two rooms are joined together.
4. Because they received the lamps as a present.
5. They both prefer white for all the ceilings.

Gramática Básica

Los artículos demostrativos **(this, that, these, those)** en inglés no tienen femenino o masculino, sino que se usa la misma palabra:

This	Este, esta, esto
That	Ese, esa, eso
These	Estos, estas
Those	Esos, esas

Ejemplos:

This bedroom looks fine in orange.	**Este** dormitorio se ve bien en naranja.
This is delicious.	**Ésto** es delicioso.
That house is where Pete lives.	**Esa** casa es donde Pedro vive.
That is my new apartment.	**Ése** es mi nuevo apartamento.
These tiles match the sink.	**Estos** mozaicos hacen juego con el fregadero.
These argue all the time.	**Éstos** discuten todo el tiempo.
Those presents are from my mother.	**Esos** regalos son de mi mamá.
Those cut really fast.	**Ésos** cortan realmente rápido.

LESSON 21. A FRIEND'S HELP
LA AYUDA DE UN AMIGO

Paul   **Are you really getting poor marks in science?**
Ar yu: rí:li guéting pu:r marks in sáiens?
¿Realmente estás teniendo bajas notas en ciencias?

Mary   **Yes. I'm afraid I'm going to fail in biology. I hate that subject; it's so dull!**
Yes. Áim afréid áim going tu: féil in baióloyi. Ái jéit dat só-bject, its so do-l!
Sí. Me temo que voy a reprobar biología. Odio esa materia, ¡es tan aburrida!

Paul   **I always found it interesting. As a general rule,**
Ái ó-lwueis fáund it íntresting. As a yéneral rul,
Yo siempre la encontré interesante. Como regla general,

it is necessary to really like a subject, in order to do well in it.
it is nécesari tu: rí:li láik a só-bject, in order tu: du: wuél in it.
es necesario que realmente te guste una asignatura, para que te vaya bien en ella.

How are you doing in chemestry?
Jáu ar yu: dúing in kémestri?
¿Cómo te va en química?

Mary   **Fine. My grades in chemestry are quite good so far.**
Fáin. Mái gréids in kémestri ar kuáit gu:d so far.
Bien. Mis calificaciones en química son bastante buenas hasta ahora.

Paul   **That's strange. You have brains, Mary.**
Dats stréinch. Yu: jav de bréins, Mary.
Es extraño. Tienes los sesos, María.

Usually if you're good in one science, you're good in all of them.
Iúshuali if yur gu:d in uán sáiens, yur gu:d in o-l of dem
Usualmente si eres bueno en una ciencia, lo eres en todas.

Mary   **Well, biology is causing me plenty of trouble.**
Wuél, baióloyi is có-sing mi: plénti of tro-bl.
Bueno, biología me está causando muchos problemas.

What if I'm not able to go on to college?
Wuát if áim not éibl tu: go on tu: cólech?
¿Qué tal si no puedo ir a la universidad?

Paul **It couldn't be as bad as that. I'll help you.**
It cudnt bi: as bad as dat. Áil jelp yu:.
No puede ser tan grave como eso. Yo te ayudaré.
It's important to start at the beginning. You'll soon catch up with the class.
Its impórtant tu: start at de bigíning. Yul su:n catch o-p wuíd de class.
Es importante empezar por el principio. Pronto te pondrás al día con la clase.
Read aloud the first page of the book, then I'll ask you questions about it.
Ri:d aláud de fe-rst péich of de bu:k, den áil ask yu kuéstions abáut it.
Lee en voz alta la primera página del libro, entonces te haré preguntas sobre ello.

Palabras y Frases Nuevas

1. **aloud** en voz alta
   a. **loud** alto, fuerte (volumen)
2. **beginning** inicio, comienzo, principio
3. **biology** biología
4. **brains** sesos, cerebro
5. **catch** atrapar, coger
   a. **catch up** ponerse al día
6. **causing** ocasionando
7. **chemestry** química
   a. **physics** física
8. **college** universidad (colegio de estudios superiores)
9. **dull** aburrido, opaco
10. **fail** faltar, reprobar, fallar
11. **far** lejos
    a. **so far** hasta ahora
12. **important** importante
13. **interesting** interesante
14. **mark** marca, nota, calificación
15. **necessary** necesario
16. **page** página
17. **plenty** mucho, copioso
18. **poor** pobre
19. **question** pregunta, preguntar
20. **quite** bastante
21. **rule** regla, gobernar
22. **science** ciencia
23. **strange** extraño
24. **subject** materia, asignatura
25. **such** tal, semejante
26. **trouble** problema
    a. **problem** problema

27. **usually** usualmente   a. **usual**   usual

Ejercicios. Conteste en Inglés y de Manera Completa.

1. **Doesn't Mary like biology?**
   ¿A María no le gusta la biología?
2. **In Paul's opinion, does Mary have brains?**
   En la opinión de Pablo, ¿María tiene el cerebro?
3. **Why is he surprised at her marks?**
   ¿Por qué está él sorprendido de sus notas?
4. **Is is true that Mary may not go on to college?**
   ¿Es verdad que María podría no continuar a la universidad?
5. **With Paul's help will she soon catch up?**
   ¿Con la ayuda de Pablo pronto se pondrá ella al día?

Respuestas. Las respuestas pueden variar de acuerdo al manejo de vocabulario de la persona, éstas son algunas sugerencias.

1. No, she hates that subject.
2. Yes, she does.
3. Because she is good in chemestry, so she should be good in biology.
4. Yes, if she fails biology.
5. Yes, she will soon catch up with the class.

Gramática Básica

El tiempo presente progresivo o continuo **(present progressive/ present continuous)** nos permite abordar una acción que se está llevando a cabo en el momento en que se habla.

Present Progressive or Present Continuous			
Subject	To Be conjugated	Main verb -ing	Complement
I	**am/am not**	study**ing**	a lot for the exams.
You	**are/are not/ aren't**	eat**ing**	a delicious lunch.
		play**ing**	the new game.
He		help**ing**	her friend a lot.
She	**is/is not/ isn't**	work**ing**	properly today.
It		fail**ing**	the chemestry exam.
		paint**ing**	the house color blue.
We	**are/are not/ aren't**	catch**ing**	up with the biology class.
You			
They			

El **present progressive or continuous** también nos ayuda a referirnos a actividades que vamos a realizar en un futuro, especialmente si se emplea el verbo **to go** conjugado: going + un verbo en infinitivo.

Present Progressive or Present Continuous expressing Future Tense
Mary is going to fail biology. María va a reprobar biología.
Paul is going to help her study. Pablo va a ayudarla a estudiar.
The girls aren't going to come soon. Las niñas no van a venir pronto.
My brothers are going to vote in the coming elections. Mis hermanos van a votar en las elecciones que vienen.
The Fernandez aren't going to go on vacation next summer. Los Fernández no van a ir de vacaciones en el próximo verano.
Judy is going to have her baby in some months. Judy va a tener su bebé en algunos meses.

LESSON 22. OUR HONEYMOON
NUESTRA LUNA DE MIEL

Anna **John, wake up! Are you still asleep?**
Yon, wuéik o-p! Ar yu: stil aslí:p?
¡Juan, despierta!¿Aún estás dormido?
How pleasant it is here, near the seashore! The beach is beautiful!
Jau plísant it is ji:r, ni:r de sí:shor! De bich is biútiful!
¡Qué agradable es la costa! ¡La playa es hermosa!

John **The sunny Caribbean; but cloudy since yesterday!**
De so-ni Caríbian; bo-t cláudi sins yésterdei!
¡El soleado Caribe; pero nublado desde ayer!

Anna **At least the hotel is splendid! The room service has been great!**
At li:st de jóutel is spléndid! De ru:m sérvis jas bi:n gréit!
¡Al menos el hotel es espléndido! El servicio a la habitación ha sido grandioso!

John **Yes... we'll have breakfast here. Call them.**
Yes... wuí:l jav breíkfast ji:r. Co-l dem.
Sí... desayunaremos aquí. Llámalos.

Anna **How can you be so lazy! Get dressed, please honey.**
Jáu can yu: bi: so léizy! Guet dresd, pli:s jóny.
¡Cómo puedes ser tan flojo! Vístete, por favor cariño.
We can have fried eggs and coffee downstairs, then go swimming.
Wui: can jav fráid egs and cófi dáwnsters, den go swuíming.
Podemos comer huevos fritos y café abajo, entonces ir a nadar.

John **That's not a good idea. I'm going back to sleep.**
Dats not a gu:d aídía. Áim góing bak tu: slip.
Esto no es una buena idea. Me voy a volver a dormir.

Anna **Oh, no, you're not! Get up and shave. Let's have some fun!**
O, no, yu:r not! Guet o-p and shéiv. Lets jav som fo-n!
¡O, no, no lo harás! Levántate y razúrate. ¡Vamos a divertirnos!

John **All right, let go of my leg! I'll get up.**
Ol ráigt, let go of mái leg! Áil guet o-p.
¡Está bien, suéltame la pierna! Me voy a levantar.

*****At breakfast*****　　　*****En el desayuno*****

Anna **I can't forget our wedding, John. The music! The people!**
Ái cant forguét áur wuéding, Yon. De miúsic! De pí:pl!
No puedo olvidar nuestra boda, Juan. ¡La música! ¡La gente!

John **You must have eighty uncles and aunts and ninety nieces and nephews!**
Yu: mo-st jav éigty ó-ncls and o-nts and náinti níces and néfius!
¡Debes tener ochenta tíos y tías y noventa sobrinas y sobrinos!

Anna **Tell the truth! Weren't you pleased with it all?**
Tel de trutz! Wuérent yu pli:sd wuíd it o-l?
¡Dí la verdad! ¿No estuviste complacido con todo?

John **Yes, although I was nervous at first.**
Yes, o-ldóu ái wuás nérvo-s at fe-rst.
Sí, aunque estaba nervioso al principio.

Anna **Bride and groom will live happily ever after!**
Bráid and gru:m wuíl liv jápili éver áfter!
¡La novia y el novio vivirán felices por siempre!

Palabras y Frases Nuevas

1. **although** aún cuando
2. **aunt** tía
3. **breakfast** desayuno
4. **cloudy** nublado
5. **downstairs** abajo
6. **egg** huevo
7. **first** primero; principio
8. **fry** freir
9. **fun** diversión
10. **groom** novio
11. **hotel** hotel
12. **idea** idea
13. **leg** pierna
14. **nephew** sobrino
15. **nervous** nervioso
16. **niece** sobrina
17. **our** nuestro(s); nuestra(s)
18. **pleasant** placentero
19. **seashore** orilla del mar
20. **service** servicio
21. **shave** afeitar; afeitada
22. **haircut** corte de pelo
23. **splendid** espléndido
24. **sunny** soleado
25. **swim** nadar
26. **today** hoy
27. **uncle** tío

Ejercicios. Conteste en Inglés y de Manera Completa.

1. **Where have Anna and John gone on their honeymoon?**
   ¿A dónde han ido Ana y Juan para su luna de miel?
2. **Has the weather been good?**
   ¿Ha sido bueno el clima?
3. **Was John pleased with the wedding?**
   ¿Estuvo Juan complacido con la boda?
4. **What does John want to do today?**
   ¿Qué quiere hacer Juan hoy?
5. **What does Anna want to do today?**
   ¿Qué quiere hacer Ana hoy?
6. **Whose idea is better?**
   ¿La idea de quién es mejor?

Respuestas. Las respuestas pueden variar de acuerdo al manejo de vocabulario de la persona, éstas son algunas sugerencias.

1. They have gone to the Caribbean.
2. No, it's been cloudy since yesterday.
3. Yes, but he was nervous at first.
4. He wants to stay in the room for breakfast and go back to sleep.
5. She wants to go downstairs for breakfast and then go to swim.
6. I think John's idea is better because he wants to sleep.
   I think Anna's idea is better because she wants to have some fun.

Gramática Básica

Los números en inglés en las unidades (0-9) y la primera decena (10-19) tienen un nombre, cada uno, a partir de la tercera decena, es decir del 20 en adelante el número inicial tiene un nombre, al cual se le anexa un dígito del 1 al 9; ejemplo: **79 seventy-nine**. Al escribir el nombre del número, usualmente se acompaña de un guión que los une.

Cuando los números llegan a las centenas, se dice el nombre de la centena completa y después las decenas y unidades; ejemplo: **638 six hundred thirty-eight.**

Lo mismo sucede al llegar a los miles, los cientos de miles y los millones, y la última cifra se puede acompañar de la conjunción **y (and)**; ejemplos:

3 108   **three thousand one hundred and eight**

89 200   **eighty-nine thousand two hundred**

194 761   **one hundred ninety-four thousand seven hundred and sixty-one**

7 245 973   **seven million two hundred forty-five thousand nine hundred and seventy three**

Numbers		Números	
0 **zero**	cero	30 **thirty**	treinta
1 **one**	uno	32 **thirty-two**	treinta y dos
2 **two**	dos	40 **forty**	cuarenta
3 **three**	tres	43 **forty-three**	cuarenta y tres
4 **four**	cuatro	50 **fifty**	cincuenta
5 **five**	cinco	54 **fifty-four**	cincuenta y
6 **six**	seis		cuatro
7 **seven**	siete	60 **sixty**	sesenta
8 **eight**	ocho	65 **sixty-five**	sesenta y cinco
9 **nine**	nueve	70 **seventy**	setenta
10 **ten**	diez	76 **seventy-six**	setenta y seis
11 **eleven**	once	80 **eighty**	ochenta
12 **twelve**	doce	87 **eighty-seven**	ochenta y siete
13 **thirteen**	trece	90 **ninety**	noventa
14 **fourteen**	catorce	98 **ninety-eight**	noventa y ocho
15 **fifteen**	quince	100	
16 **sixteen**	dieciséis	**one hundred**	cien
17 **seventeen**	diecisiete	500	
18 **eighteen**	dieciocho	**five hundred**	quinientos
19 **nineteen**	diecinueve	1000	
20 **twenty**	veinte	**one thousand**	mil
21 **twenty-one**	veintiuno	10 000	
		ten thousand	diez mil
		100 000	
		one hundred thousand	cien mil
		1000 000	
		one million	un millón

LESSON 23. MOVING TO A NEW PLACE
MUDÁNDOSE A UN NUEVO LUGAR

Anna   **Mary, just look at this mess! I could scream!**
Méri, jo-st lu:k at dis mes! Ái cud scri:m!
¡María, sólo mira este desorden! ¡Podría gritar!
I'll call John and tell him the whole story.
Áil co-l Yon and tel jim de jóul stóri.
Llamaré a Juan y le diré toda la historia.

Mary   **Now don't get so excited. I'll sweep up.**
Náu dont guét so exsáite-d. Áil swuíp o-p.
Vaya no te exhaltes tanto. Yo lo barreré.

Anna   **Those movers have spoiled everything. They damaged our furniture.**
Dóus múvers jav spóild évritzing. Dei dámacht áur fú-rnichur.
Esos cargadores han arruinado todo. Dañaron nuestros muebles.
They broke the glass top of this table and scratched the wood all over.
Déy bróuk de glas top of dis téibl and scratchd de wu:d o-l óuver.
Rompieron la cubierta de vidrio de esta mesa y rayaron toda la madera.

Mary   **What a pity! But there's a special paste to make it smooth again.**
Wuát a píti! Bo-t ders a spéshial péist tu: méik it smúd aguén.
¡Qué lástima! Pero hay una pasta especial para hacerla lisa otra vez.

Anna   **One of them tore my beautiful carpet. There's a hole right in the middle.**
Uán of dem tor mái biútifo-l cárpet. Ders a jóul ráigt in de midl.
Uno de ellos rasgó mi hermosa alfombra. Hay un hoyo justo en el medio.

Mary   **You can sew that with needle and thread so that no one will ever notice it**
Yu: can sow dat wuíd ní:dl and tzred so dat no uán wuíl éver noútis it.
Puedes coserlo con hilo y aguja para que nadie lo note jamás.

I'll do it for you now, just get me some brown silk thread.

Áil du: it for yu: náu, jo-st guet mi: sóm brawn silk tzred.

Yo lo haré para tí ahora, sólo consígueme algo de hilo de seda café.

Anna **And these two big holes on the wall, what can be done with them?**

And dis twu big jóuls on de wuó-l, wuát can bi: don wuíd dem?

Y estos grandes hoyos en la pared, ¿qué se puede hacer con ellos?

Mary **I have just the stuff that'll fill them up.**

Ai jav jo-st de sto-f datl fi:l dem o-p.

Tengo justo la cosa para rellenarlos.

Anna **Where did you learn all this?**

Wuér did yu: lern o-l dis?

¿Dónde aprendiste todo esto?

Mary **From father. I've often watched him work and helped him.**

From fáder. Áiv ófen wuátchd jim wuork and jélpd jim.

De papá. Lo he observado trabajar seguido y ayudado.

Palabras y Frases Nuevas

1. **carpet** alfombra
2. **damage** dañar; daño
3. **excite** excitar; exhaltar
4. **fill** llenar
5. **furniture** mueble(s)
6. **glass** vidrio
7. **hole** agujero
   a. **crack** grieta
8. **middle** medio; mitad
9. **movers** cargadores
10. **needle** aguja
11. **notice** notar; nota
12. **paste** pasta; empastar
13. **polish** pulir
14. **pity** lástima; compadecer
15. **rough** áspero; tosco
16. **rub** frotar
17. **scratch** rayar, rasguñar
18. **scream** chillar; gritar
19. **sew** coser
20. **smooth** alisar; suavisar
21. **so** tan
22. **spoil** echar a perder
23. **stuff** material; cosa
24. **sweep** barrer
    a. **broom** escoba
    b. **brush** cepillo; brocha
25. **tear** rasgar; romper

a. **rip** romper;		a. **scissors** tijeras	
rasgar		27. **top** tapa	
26. **thread** hilo		28. **wood** madera	

Ejercicios. Conteste en Inglés y de Manera Completa.

1. **What does Mary offer to do for Anna?**
   ¿Qué le ofreció María hacer a Ana?
2. **What have the moving men done?**
   ¿Qué han hecho los cargadores?
3. **A piece of furniture is scratched, isn't it?**
   Una pieza de los muebles está rayada, ¿no es así?
4. **What happened to the newly painted wall?**
   ¿Qué le ha sucedido a la pared recién pintada?
5. **Will Mary try to fix it too?**
   ¿También tratará María de arreglarla?

Respuestas. Las respuestas pueden variar de acuerdo al manejo de vocabulario de la persona, éstas son algunas sugerencias.

1. She offered Anna to sweep up.
2. They have spoiled everything and damaged the furniture.
3. Yes, the table is scratched.
4. It has two big holes in it.
5. Yes, she'll fix it with some stuff.

Gramática Básica

Los adjetivos descriptivos básicos en inglés tienen un orden determinado y, a diferencia del español, se anotan **antes** del sustantivo o nombre:
Cantidad, opinión, tamaño, edad, forma, color, origen, material y propósito.
Evidentemente, no es necesario tener todos los adjetivos, sólo que se respete el orden de aparición.

quantity cantidad	opinion opinión	size tamaño	age edad	shape forma	color color	origin origen	material material	purpose propósito	name nombre
A Una	**beautiful** hermosa	**young** joven			**brunette** castaña	**Mexican** Mexicana			**woman.** mujer.
A Un		**big** grande		**round** redondo			**metal** metálico	**frying** freidor	**pan.** sartén.
An Un	**active** activo	**old** viejo							**man.** hombre.
Three Tres		**medium** medianos			**red** rojos	**Japanese** japoneses		**precision** precisión	**watches.** relojes.
Some Algún	**delicious** delicioso				**dark** obscuro	**Colombian** colombiano			**coffee.** café.

LESSON 24. THE NEIGHBORS
LOS VECINOS

Anna **Guess what honey; I found out all about our neighbors today!**
Gués wuát jóny; ái fáund áut o-l abáut aur néibors tu:déi!
Qué crees cielo; ¡me enteré de todo sobre nuestros vecinos hoy!

John **So soon? We only moved in last Tuesday.**
So su:n? Wuí: ónli muvd in last Tiúsdei.
¿Tan pronto? Apenas nos mudamos el pasado martes.

Anna **The woman next door told me all about them.**
De wúman next dor told mí: o-l abáut dem.
La mujer de al lado me dijo todo acerca de ellos.

The couple upstairs own an art gallery where they sell hand-made pieces.
De copl ó-psters ówun an art gáleri wuér déy sel jand méid píces.
La pareja de arriba tiene una galería de arte donde venden piezas hechas a mano.

John **Is that so? They must be wealthy.**
Is dat so? Dey mo-st bi: wuéltzy.
¿De verdad? Deben ser ricos.

Anna **Yes, they both drive their own car and have a weekend beach house.**
Yes, dey bóud dráiv déir ówun car and jav a wí:kend bich jáus.
Sí, ambos manejan su propio au'omóvil y tienen una casa de fin de semana en la playa.

The red-head down the hall is an accountant; her husband is a salesman.
De red jed dawún de ho-l is an acáuntant; jer jó-sband is a séilsman.
La pelirroja al fondo del pasillo es contadora; su esposo es un vendedor.

They say he gambles a great deal and he is always heavily in debt!
Déy sai hi: gámbls a gréit di:l and hi: is ó-lwueis jévili in debt!
Dicen que apuesta mucho y que siempre está fuertemente endeudado.

John **Anna, I want you to mind your own business and turn deaf ear to gossip.**

Ana, ái wuánt yu: tu: máind yur owún bisnes and to-rn def i:r tu: gósip.

Ana, quiero que te ocupes de tus propios asuntos y vuelvas oidos sordos al chisme.

Anna **The neighbor told me in secret, so I gave her my word not to tell anyone.**

De néigbor told mi: in sícret, so ai guéiv jer mái wuórd not tu: tel éniuan.

La vecina me lo dijo en secreto, así que le di mi palabra de no decirlo a nadie.

John **I warn you, stop this nonsense! Don't ask questions and don't answer any;**

I wuárn yu:, stop dis nónsens! Dont ask kuéstions and dont ánser éni;

Te lo advierto, ¡deten estas tonterías! No hagas preguntas y no contestes ninguna;

or they'll soon be saying things about us.

or déil su:n bi: séing tzings abáut o-s.

o pronto estarán diciendo cosas de nosotros.

Anna **You're right, John. I better stay away from people who spread gossip.**

Yur ráigt, Yon. Ái béter stéi awuéi from pi:pl ju: spred gósip.

Tienes razón Juan. Mejor estaré alejada de gente que divulgue chismes.

Palabras y Frases Nuevas

1. **accountant** contador(a)
   a. **bookkeeper** contador(a)
2. **art** arte
3. **beach** playa
4. **couple** pareja
5. **debt** deuda
6. **deaf** sordo(a)
   a. **listen** escuchar
7. **deal** porción, parte; trato
8. **gallery** galería
   a. **factory** fábrica
9. **gamble** apostar
10. **gossip** chisme, chismear
11. **hall** pasillo
12. **heavily** fuertemente, pesadamente

a. **heavy** pesado(a)
13. **neighbor** vecino(a)
14. **nonsense** tonterías
    a. **sense** sentido, juicio
15. **own** propio, poseer
16. **piece(s)** pieza(s)
17. **red-head** pelirroja(o)
    a. **blond** rubia(o)
    b. **brunette** morena(o); castaña(o)
18. **salesman** vendedor
19. **secret** secreto
20. **spread** divulgar, esparcir
21. **upstairs** arriba
    a. **stairs** escaleras
22. **warn** prevenir, advertir
23. **wealthy** rico, acaudalado
24. **weekend** fin de semana
25. **word** palabra

Ejercicios. Conteste en Inglés y de Manera Completa.

1. **When did they move into their apartment?**
   ¿Cuándo se mudaron a su apartamento?
2. **Is Anna interested in their neighbors?**
   ¿Está Ana interesada en sus vecinos?
3. **The couple down the hall are very wealthy, aren't they?**
   La pareja al fondo del pasillo es muy rica, ¿no es así?
4. **Should Anna listen to all the gossip?**
   ¿Debería Ana escuchar todo el chisme?
5. **What does John tell her to do?**
   ¿Qué le dice Juan que haga?

Respuestas. Las respuestas pueden variar de acuerdo al manejo de vocabulario dc la persona, éstas son algunas sugerencias.

1. They moved in last Tuesday.
2. Yes, she is very interested in her neighbors.
3. No, they aren't. The wealthy couple lives upstairs.
4. No, she should mind her own business.
5. He tells her to turn deaf ear to gossip.

Gramática Básica

Los adjetivos compuestos (**compound adjectives**) en inglés son palabras formadas por dos o más palabras que por sí mismas tienen otros significados, en ocasiones están ligadas por un guión y su propósito es calificar o describir al sustantivo como cualquier otro adjetivo.

Los adjetivos compuestos siguen el mismo orden que el mencionado en la lección anterior.

Ejemplos:

That <u>red-headed</u> man will participate in the neighbors' reunion.
Ese hombre pelirrojo participará en la reunión de vecinos.

<u>Hand-made</u> craftsmanship is always more expensive than commercial stuff.
Las artesanías elaboradas a mano siempre son más caras que las cosas comerciales.

Those <u>long-haired</u> blond girls tell secrets to each other all the time.
Esas niñas rubias de cabello largo se dicen secretos todo el tiempo.

We didn't like the <u>upstairs</u> apartment. It is painted in a horrible color.
A nosotros no nos gustó el apartamento de arriba. Está pintado de un color horrible.

UNIT 3. SHOPPING AND FASHION
UNIDAD 3. COMPRAS Y MODA

LESSON 25.   THE MARKET AND THE STORE
EL MERCADO Y LA TIENDA

Anna   **Come sister, I have to buy some groceries. We're going to the market.**
Com síster, ái jav tu: bái som gróuseris. Wi:r góing tu: de márket.
Ven hermana, tengo que comprar algunos comestibles. Vamos a ir al mercado.

**** At the Market****   *****En el Mercado*****

Mary   **Anna, what big, ripe fruit! Shall we buy some?**
Ana, wuat big, ráip frut! Shal wi: bái som?
Ana, que fruta grande y madura. ¿Compraremos alguna?
Anna   **Oh, yes! Do you have any money?**
O, yes! Du: yu: jav éni móni?
¡O, sí! ¿Tienes dinero?
Mary   **I have a little. Are these peaches good?**
Ai jav a litl. Ar di:s píches gu:d?
Tengo un poco. ¿Están buenos estos duraznos?
Clerk   **I sell only good fruit here. Just the best!**
Ai sel ónli gu:d frut jir. Jo-st de best!
Yo sólo vendo buena fruta aquí. ¡Sólo la mejor!
Mary   **How much are the peaches? Are they expensive?**
Jáu mo-ch ar de píches? Ar déi expénsiv?
¿Cuánto cuestan los duraznos? ¿Son caros?
Clerk   **They are two for a dollar.**
Déi ar tu: for a dólar.
Cuestan dos por un dólar.
Mary   **That's too much for me. But those apples look nice.**
Dats tu: mo-ch for mi:. Bo-t dóus apls lu:k náis.
Es demasiado para mí. Pero esas manzanas parecen buenas.
Clerk   **They are a quarter each and the pears sell for thirty-five cents each.**
Déi ar a kuáre-r i:ch and de pers sel for tzé-ri fáiv cents i:ch.
Valen un cuarto cada una y las peras se venden por treinta y cinco centavos cada una.

Mary **O.K. I'll take a dozen apples and some pears.**
Okéi áil téik a dózen apls and som pers.
Está bien. Llevaré una docena de manzanas y algunas peras.

Clerk **How about some oranges? We have a special today, each for a dime.**
Jau abáut som óranches? Wuí: jav a spéshial tú:dei, i:ch for a dáim.
¿Qué tal algunas naranjas? Tenemos una oferta hoy, cada una por diez centavos.

Mary **Mmm! They taste good! I'll take eight oranges then.**
Mmm! Déi téist gú:d! Áil téik éigt óranches den.
Mmm! ¡Saben bien! Llevaré ocho naranjas entonces.

Clerk **Here you are, miss.**
Ji:r yu ar, mis.
Aquí tiene, señorita.

Anna **On our way home, we have to stop at the store for some milk and bread.**
On áur wuéi jóum wi: jav tu: stop at de stor for som milk and bred.
En nuestro camino a casa, tendremos que pararnos en la tienda por algo de leche y pan.

Mary **But I don't have enough money left.**
Bo-t ái dont jav inóf móni: left.
Pero ya no me queda suficiente dinero.

Anna **Don't worry! I'll pay for them.**
Dont wuórri: Áil péi for dem.
¡No te preocupes! Yo los pagaré.

Palabras y Frases Nuevas

1. **any** alguno(a)
2. **big** grande
3. **bread** pan
4. **buy** comprar
5. **cent** centavo
6. **dime** diez centavos
   a. **nickel** cinco centavos
   b. **coin** moneda
7. **dozen** docena
8. **each** cada (uno/una)
9. **expensive** caro, costoso
   a. **cheap** barato
10. **fruit** fruta
11. **groceries** comestibles
12. **here you are** aquí tiene
13. **left** (pasado de leave) quedar; izquierdo(a)
14. **little** poco, pequeño

15. **market** mercado
16. **milk** leche
17. **peach** durazno
18. **pear** pera
19. **quarter** un cuarto de dólar=25 centavos
20. **ripe** maduro
21. **sell** vender
22. **shall** auxiliar verbal para futuro formal, similar a *will*
23. **way** camino

Ejercicios. Conteste en Inglés y de Manera Completa.

1. **What are they buying?**
   ¿Qué van a comprar?
2. **Does Mary have any money?**
   ¿Tiene María algo de dinero?
3. **Are the peaches cheap?**
   ¿Son baratos los duraznos?
4. **Does Mary buy any?**
   ¿Compra algunos María?
5. **She doesn't have any money for milk and bread, does she?**
   A ella no le queda nada de dinero para leche y pan, ¿o sí?

Respuestas. Las respuestas pueden variar de acuerdo al manejo de vocabulario de la persona, éstas son algunas sugerencias.

1. They are buying groceries.
2. Yes, she has a little money.
3. No, the peaches are expensive.
4. No, she doesn't.
5. No, she doesn't have enough money left.

Gramática Básica

Para preguntar sobre la cantidad de algo en inglés, debemos primero considerar si el sustantivo del que se habla es uno contable (**countable noun**) o no contable (**uncountable noun**); esto quiere decir, si se puede contar por pieza o si es necesario recurrir a algún tipo de medida (vaso, taza, kilo, gramo, onza, barra).

Ejemplos:

Countable Nouns		Uncountable Nouns
One	table	One glass of milk
Twelve	oranges	Two loaves of bread

Three hundred	dollars	Five kilos of fruit
A	lamp	A cup of water
An	apple	Three hundred ounces of
Some	friends	weight

Al hacer preguntas usaremos las frases **How many ___?** ¿Cuántos? Contables y **How much ___?** ¿Cuánto? No contable. Ejemplos:

Countable Nouns
How many hours do you work each day?
¿Cuántas horas trabajas cada día?
I work for eight hours daily.
Yo trabajo ocho horas diarias.
How many peaches are you buying?
¿Cuántos duraznos van a comprar?
We are buying seven peaches.
Compraremos siete duraznos.
How many students came to school today?
¿Cuántos alumnos vinieron a la escuela hoy?
Only twenty students came today.
Sólo veinte alumnos vinieron hoy.
How many movers spoiled your furniture?
¿Cuántos cargadores arruinaron tu mueble?
All the movers spoiled it.
Todos los cargadores lo arruinaron.

Uncountable Nouns
How much sugar do you want?
¿Cuánta azúcar quieres?
I don't want a lot of sugar, please.
No quiero mucha azúcar, por favor.
How much time have you spent here?
¿Cuánto tiempo han pasado aquí?
We have spent about three hours here.
Hemos pasado como tres horas aquí.
How much fruit are the girls buying?
¿Cuánta fruta comprarán las niñas?
They are buying some kilos.
Ellas comprarán algunos kilos.
How much weight will he lose?
¿Cuánto peso perderá él?
He'll lose twenty-five pounds.
El perderá veinticinco libras.

LESSON 26. GOING SHOPPING
IR DE COMPRAS

Anna **These stores have everything. I could spend thousands of dollars here!**

Di:s stors jav évritzing. Ái cud spend tzáusands of dólars ji:r!

Estas tiendas tienen todo. ¡Podría gastar miles de dólares aquí!

John **Yes, we're on the trendiest avenue. These are the finest shops in the city.**

Yes, wi:r on de tréndie-st áveniu. Dis ar de fáinest shops in de síti.

Sí, estamos en la avenida más de moda. Éstas son las más finas tiendas en la ciudad.

Anna **Isn't this a pretty window?**

Isnt dis a prí:ty wuíndow?

¿No es este un lindo aparador?

John **You'd look good in that green suit.**

Yud lu:k gu:d in dat gri:n sut.

Te verías bien en ese traje verde.

Anna **No, I'm not tall enough for that style. The black one would fit me better.**

No, áim not to-l inóf for dat stáil. De blak uán wud fit mi: betr.

No, no soy lo suficientemente alta para ese estilo. El negro me quedaría mejor.

And it would go well with that black coat.

And it wud go wuél wuíd dat blak cóut.

E iría bien con ese saco negro.

John **Let's go across the street. Watch out for the cars, honey.**

Lets go acrós de stri:t. Watch aút for de cars, jóni.

Atravesemos la calle. Cuidado con los carros, querida.

Anna **Here's a high class men's shop. What fancy shirts! What fancy prices!**

Ji:rs a jáig clas mens shop. Wuát fánsi she-rts! Wuát fánsi práises!

Aquí está una elegante tienda para hombres. ¡Que finas camisas! ¡Qué fantásticos precios!

John	**Look at that shirt. I can buy a dozen for that money!**

Lu:k at dat she-rt. Ái can bái a dózen for dat móni!

Mira esa camisa. ¡Podría comprar una docena por ese dinero!

Anna	**Oh, you're talking about cotton shirts. These are pure silk.**

O, yu:r tó-king abáut cóton she-rts. Di:s ar píur silk.

O, estás hablando de camisas de algodón. Éstas son seda pura.

John	**How can you tell?**

Jáu can yu tel?

¿Cómo puedes distinguir?

Anna	**It says so right there.**

It séis so ráigt der.

Lo dice ahí mismo.

John	**We better go to the mall on Third Avenue. I have to buy a pair of shoes.**

Wi: betr go to de mo-l on tze-rd áveniu. Ái jav tu: bái a per of shus.

Mejor vamos al centro comercial en la Tercera Avenida. Tengo que comprar un par de zapatos.

Anna	**Great idea! I also want to buy some high-heeled shoes for my new dress.**

Gréit aidía! Ái ó-lso wuánt tu: bái som jái ji:ld shús for mái niú dres.

¡Grandiosa idea! Yo también quiero comprar algunos zapatos de tacón alto para mi nuevo vestido.

Palabras y Frases Nuevas

1. **across** a través
2. **as** tan, como
3. **avenue** avenida
4. **black** negro
5. **car** carro, coche
   a. **automobile** automóvil
6. **coat** saco; abrigo
7. **cotton** algodón
8. **dress** vestido
9. **fancy** elegante, fino; fantástico
10. **fit** quedar bien
    a. **size** talla, tamaño
11. **half** medio, mitad
12. **heel** tacón
13. **high** alto
    a. **flat** sin tacón; planos
14. **mall** centro comercial
15. **price** precio
16. **pure** puro
17. **shirt** camisa
    a. **collar** cuello

b.   **sleeve** manga
18. **shoe(s)** zapato(s)
19. **silk** seda
    a. **wool** lana
20. **suit** traje
21. **pants** pantalones

22. **tall** alto
23. **watch** vigilar, cuidar
24. **window** ventana, aparador

Ejercicios. Conteste en Inglés y de Manera Completa.

1. **Where are Anna and John?**
   ¿Dónde están Ana y Juan?
2. **What kind of shops do they see?**
   ¿Qué clase de tiendas ven?
3. **Ana would look good in the green suit, wouldn't her?**
   Ana se vería bien en el traje verde, ¿No lo haría?
4. **Did they buy anything in those stores?**
   ¿Compraron cualquier cosa en esas tiendas?
5. **Where do they decide to go?**
   ¿A dónde deciden ir?

Respuestas. Las respuestas pueden variar de acuerdo al manejo de vocabulario de la persona, éstas son algunas sugerencias.

1. They are on the trendiest avenue of the city.
2. The shops that they see are fancy/ the finest ones in the city.
3. No, she wouldn't. She isn't tall enough for that style.
4. No, they didn't. Those stores are too expensive.
5. They decide to go to the mall on Third Avenue.

Gramática Básica

Para mostrar habilidad o posibilidad física para hacer algo o desempeñar alguna actividad, se emplean los auxiliares **can, can not/can't** (poder, no poder) y **could, could not/couldn't** (podría, no podría). El primero se emplea en el tiempo presente y el segundo para referirnos a un evento que tuvo lugar en el pasado o que podría suceder en un tiempo no determinado y bajo condiciones específicas, es decir, hipotéticamente.

En ambos casos y como en la mayoría de los auxiliares, el verbo principal va después del auxiliar en su forma simple, es decir, no conjugado.

Can	Can not / Can't

John can buy a new pair of shoes at the mall.
Juan puede comprar un nuevo par de zapatos en el centro comercial.

Ana and Mary can shop at the market or at the store.
Ana y María pueden comprar en el mercado o en la tienda.

I can cook dinner for all the family this Friday.
Yo puedo cocinar la cena para toda la familia este viernes.

We can't paint the house again because we don't have the money.
Nosotros no podemos pintar la casa otra vez porque no tenemos el dinero.

My car can't run that fast. It is very old.
Mi coche no puede correr así de rápido. Es muy viejo.

Can they work extra hours on Saturday? Probably they can.
¿Pueden ellos trabajar horas extra el sábado? Probablemente puedan.

Can't Austin finish his breakfast before? No, he can't.
¿No podrá Austin terminar su desayuno antes? No, no puede.

Could	Could not / Couldn't

My father could repair the wall that the movers spoiled.
Mi padre podría reparar la pared que los cargadores arruinaron.

Justin and Edward could watch the television for hours.
Justino y Eduardo podrían ver televisión por horas.

I could have money for my new suit this week.
Yo podría tener dinero para mi traje nuevo esta semana.

They couldn't bring the new furniture today. They'll bring them tomorrow.
Ellos no pudieron traer los muebles nuevos hoy. Los traerán mañana.

My cough couldn't be worse. I'm feeling terrible today!
Mi tos no podría estar peor. ¡Yo me siento terrible hoy!

Could we start driving down the avenue? Yes, then we'll meet you there.
¿Podríamos empezar a manejar por la avenida? Sí, entonces nosotros los encontraremos allá.

Couldn't the medicine stop the pain on his stomach? No, it couldn't.
¿No podría la medicina detener el dolor en su estómago? No, no podría.

LESSON 27. DRESSED FOR SUCCESS
VESTIDA PARA EL ÉXITO

Mary **Anna, I have to dress fast. I have a date with Peter at nine.**
Ana, ái jav tu: dres fast. Ái jav a déit wuíd Pí:ter at náin.
Ana, me tengo que vestir rápido. Tengo una cita con Pedro a las nueve.

Anna **What's your hurry? It's only six-thirty now. What will you wear?**
Wuáts yur jó-rri? Its ónly six tzé-ri náu. Wuát wil yu: wuér?
¿Cuál es tu prisa? Son sólo las seis treinta ahora. ¿Qué usarás?

Mary **My black dress; it's so pretty!**
Mái blak dres; its so prí:ti!
Mi vestido negro; ¡Es tan lindo!

Anna **Your red one is nicer and fashionable. Besides, red is the latest style.**
Yur red uán is náiser and fáshonabl. Bi:sáids, red is de léitest stáil.
Tu rojo es más lindo y a la moda. Además, el rojo es el más reciente estilo.

Mary **I look so good in black. But you're right, get me the red one.**
Ái lu:k so gu:d in blak. Bo-t yur ráigt, guét mi: de red uán.
Me veo tan bien de negro. Pero tienes razón, pásame el rojo.
Hurry, we're wasting time. Now give me my red shoes.
Jé-ri, wuír wuésting táim. Náu guiv mi mái red shu.s.
Apresúrate, estámos perdiendo tiempo. Ahora pásame mis zapatos rojos.

Anna **The flats? Aren't they too low?**
De flats? Árent déi tu: lóu?
¿Los planos? ¿No están demasiado bajos?

Mary **No, I'm talking about the high heels.**
No, áim tó-king abáut de jái jils.
No, estoy hablando de los tacones altos!

Oh, my! It's twenty after eight and I still have to do my hair.
O, mái! Its twuénti áfter éigt and ái stil jav tu du mái jer.
¡O, Dios mío! Ya son las ocho veinte y todavía tengo que peinarme.

Anna **You have enough time and I can help you.**
Yu jav inóf táim and ái can jelp yu.
Tienes suficiente tiempo y yo te puedo ayudar.

Mary **Anna, are you using my perfume?**
Ana, ar yu iúsing mái perfium?
¿Ana, estás usando mi perfume?

Anna **I am not! Will you come home late?**
Ái am not! Wuíl yu com jóum léit?
¡No lo estoy! ¿Vendrás a casa tarde?

Mary **No later than one o'clock. I promised mother.**
No léite-r dan uán oclok. Ái próme-sd móder.
No más tarde de la una en punto. Le prometí a mamá.

Palabras y Frases Nuevas

1. **after** después
2. **besides** además de, aparte
3. **date** cita (romántica)
   a. **appointment** cita (negocios)
4. **dress** vestir , vestido
   a. **blouse** blusa
   b. **skirt** falda
5. **do** one's hair peinarse
6. **fashionable** a la moda, de moda
7. **hurry** darse prisa; prisa
8. **late** tarde
   a. **later** más tarde

b. **latest; last** último; lo más reciente
9. **low** bajo
10. **meet** encontrarse; conocer
11. **only** solamente; sólo
12. **perfume** perfume
13. **stocking** medias
14. **style** estilo, moda
15. **than** que, de
16. **time** tiempo
17. **use** usar; uso
18. **waste** desperdiciar, gastar, perder
19. **wear** usar, uso

Ejercicios. Conteste en Inglés y de Manera Completa.

1. **What is Mary doing?**
   ¿Qué está haciendo María?

2. **She isn't in a hurry, is she?**
   Ella no tiene prisa, ¿o sí?
3. **Is it late?**
   ¿Es tarde?
4. **Who's helping Mary?**
   ¿Quién está ayudando a María?
5. **At what time will she be home?**
   ¿A qué hora llegará ella a casa?

Respuestas. Las respuestas pueden variar de acuerdo al manejo de vocabulario de la persona, éstas son algunas sugerencias.

1. She is dressing up for a date.
2. Yes, she is in a hurry.
3. No, she is meeting Peter at nine.
4. Her sister Anna is helping Mary.
5. She promised to be home no later than one o'clock.

Gramática Básica

Los adjetivos en inglés, al igual que en español, tienen una forma comparativa y una superlativa. Los adjetivos cortos, de una sola sílaba, forman su comparativo agregando el sufijo –**er** y la palabra **than** (ejemplo: **taller than** más alto qué). Para formar el superlativo, estos adjetivos emplean el artículo **the** y agregan el sufijo –**est** (ejemplo: **the tallest** el más alto).

En algunas ocasiones los adjetivos requieren ciertas modificaciones para hacer el comparativo o el superlativo, como el agregar una letra antes del sufijo. (ejemplo: **big** grande, **bigger than** más grande que).

Comparatives Comparativos	**Superlatives** Superlativos
My heels are higher than yours. Mis tacones son más altos que los tuyos.	**Brenda's heels are the highest.** Los tacones de Brenda son los más altos.
Her blue dress is shorter than her pink one. Su vestido azul es más corto que el rosa.	**Her green dress is the shortest of all.** Su vestido verde es el más corto de todos.
Those apples are redder than these. Esas manzanas son más rojas que éstas.	**The cherries are the reddest of the fruits.** Las cerezas son las frutas más rojas.

LESSON 28. NEW CAR OR USED?
¿UN CARRO NUEVO O USADO?

John **Our car has a loud knock and it burns a lot of gas.**

Áur car jas a láud nok and it be-rns a lot of gas.

Nuestro carro tiene un fuerte golpe y quema mucha gasolina.

Also the wheels are out of line. We should get another one.

O-lso de wui:ls ar áut of láin. Wuí shud guét anóder uán.

También las llantas están desalineadas. Deberíamos conseguir otro.

Anna **If only we could –but let's see if it's safe.**

If ónli wuí cud –bo-t lets si: if its séif.

Si tan sólo pudiéramos –pero veamos primero si es seguro

Our pays cover all the expenses, with a part left for saving.

Áur péis cóver o-l de expénses, wuíd a part left for séiving.

Nuestras pagas cubren todos los gastos, con una parte que queda para ahorro.

John **Well, I could borrow from my boss. Ask for a loan.**

Wuél, ái cud bórrow from mái bos. Ask for a lóun.

Bueno, yo podría pedirle prestado a mi jefe. Pedir un préstamo.

Anna **Borrow? I won't hear of it! Let's check our expenses.**

Bórrou? Ái wónt ji:r of e-t! Lets chek áur expénses.

¿Pedir prestado? ¡No quiero ni escucharlo! Veamos nuestros gastos.

Our food, phone and electricity bills plus the rent are half our income.

Áur fu:d, fóun and electríciti bils plo-s de rent ar jalf áur íncom.

Nuestra comida, teléfono y electricidad más la renta son la mitad de nuestro ingreso.

John **Clothes, gas, entertainment and extras are about the other half.**

Clóutzes, gas, entertéinment and éxtras ar abáut de óder jalf.

Ropa, gasolina, entretenimiento y extras son aproximadamente la otra mitad.

Anna **So we only save what we have left at the end of the month.**
So wuí ónli séiv wuát wuí jav left at de end of de montz.
Así que sólo ahorramos lo que nos queda al final del mes.
We'll need to cut the expenses just a bit.
Wuíl ni:d tu co-t de expénses jo-st a bit.
Tendremos que recortar nuestros gastos sólo un poco.

John **So we can exchange our car for the latest model.**
So wuí can exchéinch áur car for de léitest módel.
Para que podamos cambiar nuestro automóvil por el último modelo.

Anna **Do you think we could afford a new car or should we get a used one?**
Du: yu: tzink wuí cud afórd a niú car or shud wuí guet a iúsd uán?
¿Crees que podamos pagar un carro nuevo o deberíamos conseguir uno usado?

John **A new one is always safer but also more expensive.**
A niú uán is ó-lwueis séifer bo-t ó-lso mor expénsiv.
Uno nuevo es siempre más seguro pero también más costoso.

Anna **So we're getting a new one, right?**
So wi:r guéting a niú uán, ráigt?
Así que vamos a conseguir uno nuevo, ¿bien?

Palabras y Frases Nuevas

1. **add** sumar
2. **afford** poder pagar o comprar
3. **another** otro
4. **bill** cuenta, factura; billete
5. **bit** pedazo; poco
6. **borrow** pedir prestado
7. **boss** jefe, patrón
8. **burn** quemar
   a. **fire** fuego
9. **car** coche, carro
   a. **automobile** automóvil
10. **clothes** ropa
11. **cover** cubrir; cubierta
12. **cut** cortar
13. **electricity** electricidad
14. **entertainment** entretenimiento
15. **exchange** cambiar
    a. **change** cambio; cambiar
16. **expense(s)** gasto(s)
17. **gas** gasolina, gas
    a. **oil** aceite
18. **income** ingreso
19. **knock** golpear, chocar

20. **late** tarde; reciente
   a. **later** más tarde; más reciente
   b. **latest** el más tarde; el más reciente
21. **loan** préstamo
22. **model** modelo
23. **part** parte
24. **pay** paga (salario)
25. **rent** renta
26. **safe** seguro
   a. **safer** más seguro
27. **saving** ahorro
28. **wheel** rueda

Ejercicios. Conteste en Inglés y de Manera Completa.

1. **Anna and John would like to buy a new car, wouldn't they?**
   Ana y Juan quisieran comprar un nuevo carro, ¿no es así?
2. **From whom could John borrow some money?**
   ¿A quién le podrían pedir prestado Juan algo de dinero?
3. **What must they do to afford a new car?**
   ¿Qué deben hacer ellos para poder comprar un nuevo coche?
4. **What will they do with their old car?**
   ¿Qué harán ellos con su coche viejo?
5. **Why is it better to buy a new car?**
   ¿Por qué es mejor comprar un carro nuevo?

Respuestas. Las respuestas pueden variar de acuerdo al manejo de vocabulario de la persona, éstas son algunas sugerencias.

1. Yes, they would.
2. They could borrow money from John's boss, but Anna won't hear of it.
3. They must cut down their expenses a bit.
4. They will exchange it for the new model.
5. Because a new car is always safer.

Gramática Básica

Los adjetivos en inglés, al igual que en español, tienen una forma comparativa y una superlativa. Los adjetivos largos, de dos o más sílabas, forman su comparativo agregando las palabras **more** (más) y **than** (que) antes y después del adjetivo; ejemplos: **more expensive than.**

Para formar el superlativo se agregan las palabras **the** (el/la) **most** (más) antes del adjetivo, ejemplo: **the most expensive.**

Comparatives Comparativos	Superlatives Superlativos
My car is more expensive than yours. Mi coche es más caro que el tuyo. **This wedding dress is more beautiful than that one.** Este vestido de novia es más hermoso que aquél. **Geography's exam is more difficult than English's exam.** El examen de geografía es más difícil que el examen de inglés.	**Pamela's car is the most expensive.** El coche de Pamela es el más costoso. **This designer's wedding dress is the most beautiful of all.** El vestido de novia de este diseñador es el más hermoso de todos. **History's exam is the most difficult that we will have this week.** El examen de historia es el más difícil que tendremos esta semana.

LESSON 29. AT THE SUPERMARKET
EN EL SUPERMERCADO

Anna **We couldn't get everything we needed at the store or the market!**
Wuí cudnt guét évritzing wi: ní:de-d at de stor or de márket!
No pudimos conseguir todo lo que necesitábamos en la tienda o el mercado.

Mary **I know, so we better hurry and get the car to go to the supermarket.**
Ái nóu, so wi: bére-r jé-rri and guét de car tu: go tu: de súpermarket.
Yo sé, así que mejor nos apresuramos y traemos el coche para ir al supermercado.

Anna **Do you have the list of missing things?**
Du: yu: jav de list of mísing tzings?
¿Tienes la lista de las cosas que nos hacen falta?

Mary **Yes, and I've also got the car keys.**
Yes, and áiv ó-lso got de car ki:s.
Sí y también tengo las llaves del coche.

Anna **I'm sending John a text message to let him know where we will be.**
Áim sénding Jon a text mésach tu let ji:m now wuér wi: wil bi.
Le estoy enviando un mensaje de texto a Juan para que sepa dónde estaremos.

Mary **Did you tell him we would be back early?**
Did yu: tel jim wi: wud bi: bak erly?
¿Le dijiste que regresaríamos temprano?

Anna **Well, yes. At least that's what I thought.**
Wuél yes. At li:st dats wuát ái tzot.
Bueno, sí. Al menos eso es lo que pensé.

Mary **Me too. I guess I better call Mom, so she won't be waiting for me.**
Mi: tu:. Ái gués ái bére-r co-l Mom, so shi: wuónt bi: wuéiting for mi:.
Yo también. Supongo que mejor le llamo a Mamá, para que no me esté esperando.

Anna **O.K. But call her while I do the driving.**
Okéy. Bo-t co-l jer wuáil ái du: de dráiving.
Está bien. Pero llámala mientras manejo.

**** An hour later****   **** *Una hora después*****

Mary **I think we got all. Have you checked the list?**
Ái tzink wi: got o-l. Jav yu: chekd de list?
Creo que tenemos todo. ¿Has revisado la lista?

Anna **Let's see... we've got the butter, eggs, meat, sugar, salt, and drinks.**
Lets si:... wi:v got de bó-ter, egs, mi:t, shúgar, so-lt and drinks.
Veamos... tenemos la mantequilla, huevos, carne, azúcar, sal y bebidas.

Mary **And here we've got some cans, cheese and the laundry detergent.**
And jír wi:v got som cans, chi:s and de ló-ndri ditéryent.
Y aquí tenemos algunas latas, queso y el detergente para ropa.

Anna **We'll pay at the register with my credit card.**
Wuíl péi at de réyister wuíd mái crédit card.
Pagaremos en la caja con mi tarjeta de crédito.
I don't have enough cash.
Ái dont jav inóf cash.
No tengo suficiente efectivo.

Mary **As you drive me home, could we pick the dry-cleaning up?**
As yu dráiv mi: jóum, cud wi: pik de drái clíning o-p?
Mientras me llevas a casa, ¿podríamos recoger lo de tintorería?

Palabras y Frases Nuevas

1. **better** mejor
2. **butter** mantequilla
3. **can** lata
4. **card** tarjeta
5. **cash** efectivo
6. **cheese** queso
7. **credit** crédito
8. **detergent** detergente
9. **dry-cleaning** de tintorería
10. **dry-cleaner** tintorería
11. **early** temprano
12. **egg** huevo
13. **keys** llaves
14. **laundry** lavandería
15. **let someone know** avisar; hacer saber a alguien
16. **list** lista
17. **message** mensaje
18. **missing** faltante; perdido
19. **salt** sal
20. **sugar** azúcar

21. **text** texto
22. **to be back** regresar; volver
23. **thought** pensamiento; pensé
24. **waiting** esperar
25. **while** mientras

Ejercicios. Conteste en Inglés y de Manera Completa.

1. **Why is Anna sending John a text message?**
   ¿Por qué le está enviando Ana un mensaje de texto a Juan?
2. **Will Anna and Mary be back early?**
   ¿Regresarán Ana y María temprano?
3. **Who's waiting for Mary?**
   ¿Quién está esperando a María?
4. **How are they paying for the supermarket shopping?**
   ¿Cómo pagarán por las compras del supermercado?
5. **They are stopping at the laundry on their way back home, aren't they?**
   Se detendrán en la lavandería en su camino de regreso a casa, ¿no es así?

Respuestas. Las respuestas pueden variar de acuerdo al manejo de vocabulario de la persona, éstas son algunas sugerencias.

1. Because they will go to the supermarket for the missing things.
2. No, Anna and Mary will be back late.
3. Her mother is waiting for her.
4. They are paying with Anna's credit card because they don't have enough cash.
5. No, they are stopping at the dry-cleaner's.

Gramática Básica

Las palabras **good** (bueno,buena) y **bad** (malo, mala) tienen una forma irregular de comparativo y superlativo, por lo tanto es necesario conocer las palabras que los conforman.

good	**better**	**than**	**the**	**best**
bueno/buena	mejor que		lo/la mejor	
bad	**worse**	**than**	**the**	**worst**
malo/mala	peor que		el/la peor	

Ejemplos:

Comparatives Comparativos	**Superlatives** Superlativos
Drinking tea is better than drinking coffee. Tomar té es mejor que tomar café. **They better hurry if they want to be on time.** Ellos mejor se apresuran si quieren estar a tiempo.	**Drinking water is the best.** Tomar agua es lo mejor. **Megan is the best student of the class.** Megan es la mejor estudiante de la clase.
Having a cold is bad, but having a cough and a cold is worse. Tener un resfriado es malo, pero tener una tos y un resfriado es peor. **I think Emily is feeling worse today than yesterday.** Pienso que Emily se siente peor hoy que ayer.	**Rain is the worst possible weather for a wedding in the garden.** La lluvia es el peor clima posible para una boda en el jardín. **The worst student of the class is Mario.** El peor alumno de la clase es Mario.

UNIT 4. SCHOOL, WORK AND BUSINESS
UNIDAD 4. ESCUELA, TRABAJO Y NEGOCIO

LESSON 30. AT WORK
EN EL TRABAJO

John **Good morning, Mrs. Taylor.**
Gu:d mórning, mise-s Téilor.
Buenos días, Señora Taylor.

Taylor **Come right in John.**
Com ráit in, Yon.
Pase adelante, Juan.

John **Is anything wrong?**
Is énitzing rong?
¿Hay algo malo?

Taylor **No, I have good news for you. You are taking over a new job.**
No, ái jav gu:d niús for yu:. Yu ar téiking óuver a niú yob.
No, tengo buenas noticias para usted. Tomará un nuevo trabajo.

John **Isn't my work all right?**
Isnt mái wuórk o-l ráigt?
¿No está bien mi trabajo?

Taylor **Sure, you're the best man in the shop.**
Shur, yur de best man in de shop.
Por supuesto, usted es el mejor hombre en el taller.
That's why you'll have a better job with a higher pay.
Dats wuái yul jav a bére-r yob wuíd a jáier péi.
Es por eso que tendrá un mejor trabajo con una paga más elevada.

John **What position is it? And what kind of work will I do?**
Wuát posíshion is it? And wuát káind of wuórk wuíl ái du?
¿Qué posición es? Y ¿Qué clase de trabajo realizaré?

Taylor **You'll be head trainer, so you'll train every new worker.**
Yu:l bi: jed treíner, so yul tréin évri niú wórker.
Será entrenador en jefe, así que entrenará a cada nuevo trabajador.

It'll be harder than your old job and with very little rest, I think.

Itl bi: járder dan yur old yob and wuíd véri littl rest, ái tzink.

Será más duro que su trabajo anterior y con muy poco descanso, pienso.

John **I'll try my best, ma'am.**

Áil trái mái best ma:m.

Haré lo mejor que pueda, señora.

Taylor **That will be fine. You may be a little too young –but I believe in you!**

Dat wuíl bi: fáin. Yu méi bi a littl tu: yo-ng –bo-t ái bilív in yu!

Eso estará bien. Usted puede ser un poco joven –¡pero yo creo en usted!

I'll send an e-mail to all the employees to let them know. Congratulations!

Áil send an i: méil tu: o-l de employí:s tu: let dem now. Congratuléishions!

Enviaré un correo electrónico a todos los empleados para informarles. ¡Felicidades!

Palabras y Frases Nuevas

1. **believe** creer
2. **congratulations** felicidades, felicitaciones
3. **employee** empleado
4. **every** todo, cada
5. **job** trabajo
6. **kind** clase; tipo
7. **ma'am** = **madam** señora
   a. **sir** señor
8. **miss** señorita
9. **mister (Mr.)** señor
10. **mistress (Mrs.)** señora
11. **Ms.** miss o mistress
12. **morning** mañana
13. **new** nuevo
   a. **news** noticias
14. **old** viejo
15. **position** posición; puesto
16. **rest** descansar; descanso
17. **take over** tomar posesión
18. **then** entonces
19. **think** pensar, creer
20. **train** entrenar
21. **trainer** entrenador
22. **try** probar, tratar
23. **young** joven

Ejercicios. Conteste en Inglés y de Manera Completa.

1. **For whom does John work?**
   ¿Para quién trabaja Juan?
2. **Is John doing his job well?**
   ¿Está Juan haciendo bien su trabajo?
3. **He's getting a new position, isn't he?**
   Él va a tener un nuevo puesto ¿no es así?
4. **Is he going to rest more in his new job?**
   ¿Descansará más en su nuevo trabajo?
5. **Will he get a higher pay?**
   ¿Tendrá una paga más alta?

Respuestas. Las respuestas pueden variar de acuerdo al manejo de vocabulario de la persona, éstas son algunas sugerencias.

1. John works for Mrs. Taylor.
2. Yes, he is the best man in the shop.
3. Yes, he's going to be head trainer.
4. No, he is going to work harder.
5. Yes, he will.

Gramática Básica

Los saludos o salutaciones en inglés, requieren de una fórmula dependiendo de la persona a quien se dirija y la hora del día en que se realice. Si la persona o personas a quienes nos dirigimos nos inspiran admiración, respeto o superioridad, podremos emplear un estilo formal. Por el contrario, si es una amistad o par, podremos emplear un estilo coloquial. En ambos casos debemos tener en cuenta el horario.

Good day Buen día	**Good evening** Buenas tardes o noches (5:00 pm en adelante)
Good morning Buenos días (mañanas)	**Good night** Buenas noches (al ir a dormir)
Good afternoon Buenas tardes (12:00 pm hasta antes de las 5:00 pm)	

Ejemplos:

En el día	**Good day, every one!**
	¡Buen día a todos!
	Have a good day, Mr. Martinez.
	Que tenga un buen día, señor Martínez.
9:00 am	**Good morning, Charles.**
	Buenos días, Carlos.
	Good morning, Mrs. Sutton.
	Buenos días, señora Sutton.
2:30 pm	**Good afternoon, ma'am.**
	Buenas tardes, señora.
	Good afternoon, David.
	Buenas tardes, David.
7:00 pm	**Good evening, Miss Black.**
	Buenas noches, señorita Black.
	Good evening, Ms.
	Buenas tardes, señora/señorita.
Antes de dormir	**Good night, mom.**
	Buenas noches, mamá.
	Good night, baby.
	Buenas noches, bebé.

LESSON 31. SALARY RAISE
AUMENTO DE SUELDO

Peter **I'm going to ask for a raise in salary.**
Áim góing to ask for a réis in sálari.
Voy a pedir un aumento de salario.

John **How much do you earn now?**
Jáu mo-ch du: yu: ern náu?
¿Cuánto ganas ahora?

Peter **I make ten dollars an hour. That is three hundred and sixty dollars a week.**
Ái méik ten dólars an áur. Dat is tzrí jó-ndred and síxti dólars a wi:k.
Yo gano diez dólares la hora. Eso es trescientos sesenta dólares a la semana.

But then taxes come out of that, leaving me a little less.
Bo-t den tákses com áut of dat, lí:ving mi: a litl les.
Pero entonces se descuentan los impuestos, dejándome un poco menos.

John **Do you have any money in the bank?**
Du: yu: jav éni móni in de bank?
¿Tienes algo de dinero en el banco?

Peter **About five hundred dollars, but I owe over three hundred to my cousin.**
Abáut fáiv jó-ndred dólars, bo-t ái ow óver tzri: hó-ndred tu: mái có-se-n.
Cómo quinientos dólares, pero le debo más de trescientos a mi primo.

John **Now you're able to pay him back.**
Naw yu:r éibl tu: péi jim bak.
Ahora puedes pagárselos.

Things will work out quite well, I'm sure.
Tzings wuíl wuórk áut kuáit wuél, áim shur.
Las cosas funcionarán bastante bien, estoy seguro.

You won't have to give up college.
Yu: wuónt jav tu: guív o-p cólech.
No tendrás que dejar la universidad.

You'll never need to do that!
Yu:l néver ni:d tu: du: dat!
¡Nunca necesitarás hacer eso!

Peter **But with a raise I'll save to study abroad.**
Bo-t wuíd a réis áil séiv tu: stó-di abród.
Pero con un aumento ahorraré para estudiar en el extranjero.

John **Then, talk to your boss tonight.**
Den, to-k tu: yu:r bos tunáigt.
Entonces, habla con tu jefe esta noche.

Peter **I'm almost afraid to ask him. What if he says "no"?**
Áim ó-lmoust afréid tu: ask jim. Wuát if hi: séis no?
Casi tengo miedo de preguntarle. ¿Qué tal si dice que "no"?

John **I'll bet he won't! Anyway, there's no harm in trying.**
Áil bet ji wuónt! Éniwuei, ders no jarm in trái:ng.
¡Estoy seguro que no lo hará! De cualquier modo, no hay daño en tratar.

You don't know what his answer will be.
Yu: dont now wuát jis ánser wuíl bi:.
No sabes cuál será su respuesta.

Palabras y Frases Nuevas

1. **able** capaz
   a. **to be able** ser capaz, poder
2. **afraid** miedoso
   a. **fear** miedo
3. **almost** casi
4. **answer** respuesta; responder
5. **anyway** de cualquier manera
6. **bank** banco
7. **bet** apostar, apuesta
8. **cousin** primo(a)
9. **earn** ganar, cobrar
10. **harm** daño, dañar
11. **leave** dejar
12. **need** necesitar, necesidad
13. **owe** deber
14. **raise** aumentar, aumento
15. **salary** sueldo
16. **save** ahorrar
17. **safe** seguro
18. **spend** gastar
19. **tonight** esta noche
20. **tax** impuesto, poner impuesto
21. **work out** salir, funcionar; ejercitar

Ejercicios. Conteste en Inglés y de Manera Completa.

1. **What is Peter going to ask for?**
   ¿Qué va a pedir Pedro?
2. **How much money does he have in the bank?**
   ¿Cuánto dinero tiene en el banco?

3. **Does he owe any money?**
   ¿Debe algo de dinero?
4. **Will he have to give up college?**
   ¿Tendrá que dejar la universidad?
5. **Peter isn't afraid to ask his boss, is he?**
   Pedro no le tiene miedo a preguntarle a su jefe, ¿o sí?

Respuestas. Las respuestas pueden variar de acuerdo al manejo de vocabulario de la persona, éstas son algunas sugerencias.

1. Peter is going to ask for a salary raise.
2. He has about five hundred dollars in the bank.
3. Yes, he owes about three hundred dollars to his cousin.
4. No, he won't have to give up college.
5. Yes, he is afraid to ask his boss.

Gramática Básica

Los adjetivos posesivos (possessive adjectives) en inglés corresponden al pronombre que hagan referencia.

Pronoun	Possessive Adjective	Pronoun	Possessive Adjective
I	**My**	It	**Its**
You	**Your**	We	**Our**
He	**His**	You	**Your**
She	**Her**	They	**Their**

Ejemplos:

My cousin Sheila is also my best friend.	**Its color is black with white spots.**
Mi prima Sheila is también mi mejor amiga.	*Su color es negro con manchas blancas.*
Your old sweaters still look very good.	**Our president hasn't been any good.**
Tus viejos suéteres aún lucen muy bien.	*Nuestro presidente no ha sido nada bueno.*
His new position will be manager.	**Your house is bigger than our house.**
Su nuevo puesto será de gerente.	*Su casa es más grande que nuestra casa.*
Her pants were very expensive.	**Their teacher won't forget the exam.**
Sus pantalones fueron muy caros.	*Su maestro no olvidará el examen.*

LESSON 32. ABOUT BUSINESS
ACERCA DEL NEGOCIO

Taylor **John, I have a special job for you.**
Yon, ái jav a spéshial yob for yu:.
Juan, tengo un trabajo especial para ti.
Can the shop get along without you for a while?
Can de shop guét alóng wuidáut yu: for a wuáil?
¿Puede el taller funcionar sin ti por un rato?

John **I suppose so. What do you have in mind?**
Ái supóus so. Wuát du: yu: jav in máind?
Eso supongo. ¿Qué tiene en mente?

Taylor **We've lost our biggest customer. They won't buy another thing from us,**
Wuív lost áur bíguest có-sto-mer. Dey wuónt bái anóder tzing from o-s,
Hemos perdido nuestro cliente más grande. No nos comprarán más,
because our quality is poor –so they say.
bi:cós áu-r kuáliti is pu:r –so déi séi.
porque nuestra calidad es pobre –eso es lo que dicen.

John **That's impossible –it can't be true! We have strict quality procedures.**
Dats impósibl –it cant bi: tru! Wuí jav strict quáliti procídiurs.
¡Eso es imposible –no puede ser cierto! Tenemos procedimientos de calidad estrictos.

Taylor **Those are the facts. They won't carry our line.**
Dóus ar de facts. Déi wuónt cárri áur láin.
Esos son los hechos. Ellos no venderán nuestra línea de productos.
The parts are not tough enough, and the technology is weak.
De parts ar not tof inóf, and de teknólogi is wuí:k.
Las partes no son suficientemente fuertes, y la tecnología es débil.

John **But we always test our products ourselves.**
Bo-t wuí: ó-lwueis test áur próducts áurselfs.
Pero nosotros siempre probamos nuestros productos nosotros mismos.

We throw away computer parts of poor quality or sell them as junk.

Wui: tzrów awéi compiúter parts of pu:r quálity or sel dem as jo-nk.

Nosotros tiramos partes de computadora de pobre calidad o las vendemos como chatarra.

Taylor **Well, we'll have to send someone to see them. Can you make the trip?**

Wuél, wuí:l jav to send sómuan tu: si: dem. Can yu: méik de trip?

Bueno, tendremos que enviar alguien a verlos. ¿Puedes hacer el viaje?

And bring back some good news? It's up north –you'll have to fly.

And bring bak sóm gúd niús? Its o-p nortz –yu:l jav tu: flái.

¿Y traer de regreso buenas noticias? Es en el norte – tendrás que volar.

John **I don't mind. When do I leave?**

Ái dont máind. Wuén du: ái lív?

No me molesta. ¿Cuándo me voy?

Taylor **The day after tomorrow –at noon. Bring back an order –a big one.**

De déi áfter tumórrou –at nu:n. Bring bak an órder –a big uán.

Pasado mañana –al medio día. Trae de regreso un pedido –uno grande.

Palabras y Frases Nuevas

1. **carry** llevar
2. **customer** cliente
3. **fact** hecho
4. **fly** volar
   a. **flight** vuelo
5. **impossible** imposible
6. **junk** chatarra, basura
7. **line** línea de productos
8. **north** norte

a. **south** sur
b. **east** este
c. **west** oeste
9. **poor** pobre, malo
10. **procedure** procedimiento
11. **quality** calidad
12. **send** enviar
13. **special** especial
14. **strict** estricto
15. **technology** tecnología

16. **test** probar, prueba
17. **the day after tomorrow** pasado mañana
18. **throw** tirar
19. **throw away** desechar
20. **tough** fuerte, duro

21. **trip** viaje
22. **true** verdadero
  a. **false** falso
  b. **truth** verdad
  c. **lie** mentir, mentira
23. **weak** débil

Ejercicios. Conteste en Inglés y de Manera Completa.

1. **What does Mrs. Taylor have in mind for John?**
   ¿Qué tiene pensado la Sra. Sastre para Juan?
2. **What has happened to their biggest customer?**
   ¿Qué es lo que ha ocurrido con su cliente más grande?
3. **Who always test their products?**
   ¿Quién siempre prueba los productos?
4. **John won't have to leave at once, will he?**
   Juan no se tendrá que ir inmediatamente, ¿o sí?
5. **What does his boss want him to do?**
   ¿Qué quiere su jefe que haga?

Respuestas. Las respuestas pueden variar de acuerdo al manejo de vocabulario de la persona, éstas son algunas sugerencias.

1. She has a special job for John.
2. Their biggest customer won't buy anything from them.
3. They test their products themselves.
4. No, he is leaving the day after tomorrow.
5. She wants him to bring a big order.

Gramática Básica

Los pronombres reflexivos **(reflexive pronouns)** se emplean en inglés frecuentemente, a diferencia del español, cuando el sujeto y el objeto se refieren a la misma persona y deseamos hacer énfasis sobre quién realiza la acción. También los empleamos cuando no queremos repetir el sujeto en oraciones relacionadas.

Pronoun	Reflexive Pronoun	Español
I	**Myself**	Yo mismo (a)
You	**Yourself**	Tú mismo (a)
He	**Himself**	Él mismo
She	**Herself**	Ella misma
It	**Itself**	Eso(a) mismo(a)
We	**Ourselves**	Nosotros mismos/ nosotras mismas
You	**Yourselves**	Ustedes mismos(as)
They	**Themselves**	Ellos mismos/ ellas mismas

Ejemplos:

I always check the homework myself.
Yo siempre reviso la tarea yo misma.

You have thrown away the junk yourself.
Tú has deshechado la chatarra tú mismo.

They will always buy their tickets themselves.
Ellos siempre comprarán sus boletos ellos mismos.

Bryan liked the movie we watched, but I didn't like it myself.
A Bryan le gustó la película que vimos, pero a mi no me gustó.

LESSON 33. ANOTHER JOB
OTRO TRABAJO

Peter **John, I want to change my job**
Yon, ái wuánt tu chéinch mái yob
Juan, quiero cambiar mi empleo.

John **I wish you wouldn't. Didn't you get a raise?**
Ái wuísh yu wudnt. Didnt yu guét a réis?
Desearía que no lo hicieras ¿No obtuviste un aumento?

Peter **Yes, but the amount is less than I thought.**
Yes, bót de amáunt is les dan ái tzot.
Sí, pero la cantidad es menos de lo que pensé.
My boss would give me only fifty dollars more per week.
Mái bos wud guív mi ónli fífti dólars mor per wuík.
Mi jefe sólo me daría cincuenta dólares más a la semana.
He said business is terrible and that he is losing money.
Ji sed bísnes is térribl and dat ji is lúsing móni.
Dijo que el negocio está terrible y que está perdiendo dinero.

John **He's telling the truth.**
Jis téling de trutz.
Él está diciendo la verdad.
Profits are low and sales are bad all over the country.
Prófits ar low and séils ar bad o-l óuver de cóuntri.
Las ganacias están bajas y las ventas están mal en todo el país.
The public isn't even buying bargains these days.
De pó-blic isnt íven báying bárgeins dis déis.
El público no está comprando ni ofertas estos días.
Food prices have reached such a high level,
Fud práises jav richd so-ch a jáig lével,
Los precios de la comida han alcanzado un nivel tan alto,
that families have just enough to live on.
dat fámilis jav jo-st inóf tu liv on.
que las familias tienen apenas lo suficiente para vivir.
How can they buy other goods –like clothes or furniture or luxuries?
Jáu can déi bái óder gúds –láik cloutzs or fú-rnichur or ló-ksho-ris?
¿Cómo pueden comprar otras mercancías como ropa, muebles o lujos?

Peter   **I was offered a position in another store at five hundred dollars weekly.**
Ái wuás óferd a posíshion in anóder stór at fáiv jóndred dólars wuíkli.
Me ofrecieron un puesto en otra tienda con quinientos dólares a la semana.

John   **Before you accept it, be sure it's steady.**
Bifór yu axsépt it, bi shur its stédi.
Antes de aceptarlo, asegúrate de que es estable.
Your boss has treated you well in the past.
Yur bos jas tríted yu wuél in de past.
Tu jefe te ha tratado bien en el pasado.
You may be changing to something worse.
Yu méibi chéinying tu sómtzing wuórs.
Podrías estar cambiando a algo peor.

Peter   **I'll simply have to take that chance.**
Áil símpli jav tu téik dat chans.
Yo simplemente tendré que correr ese riesgo.

John   **Take my advice: think before you quit.**
Téik mái adváis: tzink bifór yu kuít.
Toma mi consejo: piensa antes de renunciar.

Palabras y Frases Nuevas

1. **accept** aceptar
2. **advice** consejo
   a. **advise** aconsejar
3. **amount** cantidad
4. **chance** riesgo, oportunidad
5. **change** cambiar, cambio
6. **goods** artículos, mercancía
7. **level** nivel
8. **luxury** lujo
9. **offer** ofrecer
10. **past** pasado
11. **position** posición, puesto
12. **profit** ganancia
13. **public** público
14. **quit** dejar, renunciar
15. **sale** venta
16. **simply** sencillamente
    a. **simple** sencillo
17. **steady** permanente, fijo
18. **terrible** terrible
19. **treat** tratar

Ejercicios. Conteste en Inglés y de Manera Completa.

1. **Isn't Peter happy with his job?**
   ¿No está contento Pedro con su trabajo?
2. **He got a raise, didn't he?**
   Él obtuvo un aumento, ¿no es así?
3. **Why won't his boss give him a bigger raise?**
   ¿Por qué no le daría su jefe un aumento mayor?
4. **Does John agree with Peter's boss?**
   ¿Está Juan de acuerdo con el jefe de Pedro?
5. **What does John advise Peter to do?**
   ¿Qué le aconseja Juan a Pedro que haga?

Respuestas. Las respuestas pueden variar de acuerdo al manejo de vocabulario de la persona, éstas son algunas sugerencias.

1. No, he isn't. He wants to quit.
2. Yes, but it wasn't the amount he expected.
3. Because the business is terrible and he is losing money.
4. Yes, John thinks he's telling the truth.
5. He advises him to think before he quits his job.

Gramática Básica

La voz pasiva en español se emplea poco, sin embargo en inglés, es una forma utilizada frecuentemente para expresarse en la comunicación cotidiana.

La voz pasiva consiste en que el objeto de la oración toma el lugar principal al recibir la acción, mientras que el sujeto que desarrolla la acción pierde importancia o es omitido.

En el caso del verbo se debe conjugar "to be" en el tiempo verbal que se requiera y se complementa con el verbo principal en pasado participio.

PASSIVE VOICE   *VOZ PASIVA*

Object	Verb to be	Verb past participle	complement	subject
I Me	**was** fue	**offered** ofrecido	**a job.** un empleo.	
The computer La Computadora	**is** es	**sold** vendida	**at the store.** en la tienda.	
A book Un libro	**is being** está siendo	**read** leído	**today** hoy	**by him.** por él.
Luxuries Lujos	**haven't been** no han sido	**bought** comprados	**these days** estos días	**by people.** por la gente.

LESSON 34. THE SALESMAN
EL VENDEDOR

Anna   **John, you're back! I'm so glad to see you!**
Yon, yur bak! Áim so glad tu sí yu!,
¡Juan, regresaste! ¡Estoy tan feliz de verte!
I wasn't expecting you unitil Wednesday.
Ái wuásnt expécting yu ó-ntil Wensdéi.
No te esperaba hasta el miércoles

John   **I arrived by plane early this morning and I have great news, honey.**
Ái arráivd bái pléin érli dis mórning and ái jav gréit niús, jóni.
Llegué en avión temprano esta mañana y tengo grandes noticias, amor.

Anna   **You got an order! A big one!**
Yu got an órder! A big uán!
¡Obtuviste una orden! ¡Una grande!

John   **Yes, the customer is completely satisfied.**
Yes, de có-stomer is complítli sátisfaid.
Sí, el cliente está completamente satisfecho.
My boss promises to make me rich!
Mái bos próme-ses tu méik mi rich!
¡Mi jefe promete hacerme rico!

Anna   **It's good to see you in such a happy mood.**
It's gud tu si yu in só-ch a jápi mud.
Es bueno verte de tan buen humor.

John   **I am... except for one thing. Have you decided on that big family party?**
Ái am... exsépt for uán tzing. Jav yu disáided on dat big fámili párti?
Lo estoy... excepto por una cosa. ¿Has decidido sobre esa gran fiesta familiar?

Anna   **Yes, John. Be an angel and come with me.**
Yes, Yon. Bi an éinyel and com wuíd mi.
Sí, Juan. Sé un ángel y ven conmigo.

John   **You know I'm against that sort of shows.**
Yu nóu áim aguénst dat sort of shóus.
Tú sabes que estoy en contra de esa clase de espectáculos.

Anna **You're stubborn, just making up an excuse. Nobody's going to bite you.**
Yur stú-born, jo-st méiking o-p an exkíus. Nóbodis góing tu báit yu.
Eres terco, sólo inventando una excusa. Nadie te va a morder.

John **But you're not fair, I beg you Anna.**
Bo-t yur not fer, ái beg yu Ana.
Pero no eres justa, te lo ruego Ana.

Anna **We have no reason to hide. I'm proud of my good-looking husband.**
Wi jav no ríson tu jáid. Áim práud of mái gúd lúking jó-sband.
No tenemos ninguna razón para escondernos. Estoy orgullosa de mi guapo marido.

John **How can I say "no" to you? Go ahead, dear.**
Jáw can aái séi no tu yu? Go ajéd, dír.
¿Cómo te puedo decir "no" a ti? Adelante, querida.

Palabras y Frases Nuevas

1. **against** en contra (de)
2. **angel** ángel
3. **arrive** llegar
4. **beg** rogar, suplicar
5. **bite** morder
6. **completely** completamente
7. **dear** querido(a)
8. **decide** decidir
9. **except** excepto, con excepción
10. **excuse** excusa
11. **expect** esperar
12. **fair** justo
13. **hide** esconder, ocultar
14. **honey** querido(a); miel
15. **make up** inventar
16. **mood** humor
17. **plane** avión
18. **proud** orgulloso
19. **rich** rico
20. **satisfy** satisfacer
21. **sort** clase, tipo
22. **stubborn** terco, testarudo

Ejercicios. Conteste en Inglés y de Manera Completa.

1. **When did Ana think John would arrive?**
¿Cuándo pensaba Ana que John regresaría?

2. **What is the good news he brings her?**
   ¿Cuál es la buena noticia que él le trae?
3. **He disagrees with Anna about the big family party, doesn't he?**
   El está en desacuerdo con Ana acerca de la gran fiesta familiar, ¿no es así?
4. **Is he being stubborn?**
   ¿Está siendo él terco?
5. **How does Anna get him on her side?**
   ¿Cómo le hace Ana para que él se ponga de su parte?

Respuestas. Las respuestas pueden variar de acuerdo al manejo de vocabulario de la persona, éstas son algunas sugerencias.

1. She thought he would arrive on Wednesday.
2. He has gotten a big order.
3. Yes, he does.
4. Anna thinks he is.
5. By telling him he is good-looking. She speaks sweetly to him.

Gramática Básica

El pasado progresivo o continuo (**past progressive or continuous**) es un tiempo verbal que permite expresar una acción que se realizó en el pasado y que tuvo determinada duración de tiempo. Se forma empleando el verbo "to be" en pasado (was/were) más el verbo principal en presente participio (verb –ing).

Noun or Pronoun	was/were	Verb –ing	Complement.
I You He/she/it We/you They	**was** **were** **was** **were**	**flying** **eating** **playing** **making** **up**	by plane on Thursday. lunch at the restaurant in the morning. with the computer all afternoon. excuses not to go to work those days.

LESSON 35. HIRING AN EMPLOYEE
CONTRATANDO UNA EMPLEADA

Barnett **John tells me that you'd like a job.**
Yon, tels mi dat yud láik a yob.
Juan, me dice que te gustaría tener un trabajo.

Mary **Yes, staying home is very boring.**
Yes, stéing jóum is véri bóring.
Sí, quedarse en casa es muy aburrido.

Barnett **I'm setting up a new system of collecting bills,**
Áim séting o-p a new sístem of colécting bils,
Estoy instalando un nuevo sistema de cobranza de cuentas,
and I need a secretary to take care of it.
and ái nid a sécretari tu téik ker of it.
y necesito una secretaria que se ocupe de ello.
Do you have any office experience?
Du yu jav éni ófis expíriens?
¿Tienes alguna experiencia en trabajo de oficina?

Mary **No, sir. But I've finished high school. I can type fast and use the computer.**
No, se-r. Bo-t áiv fínishd jáig skul. Ái can táip fast and iús de compiúter.
No, señor. Pero terminé la preparatoria. Puedo teclear rápido y usar la computadora.

Barnett **Good, you'll have to call and e-mail our customers.**
Gud, yul jav tu co-l and í méil áur có-sto-mers.
Bien, tendrás que llamar y enviar correos electrónicos a nuestros clientes.

Mary **I am sure I can handle the work.**
Ái am shur ái can jandl de wuórk.
Estoy segura de que puedo manejar el trabajo.

Barnett **Fine, I'll hire you now. This is your desk on my right. Here's the key.**
Fáin, áil jáir yu naw. Dis is yur desk on mái ráigt. Jirs de ki.
Bien, te contrataré ahora. Éste es tu escritorio a mi derecha. Ésta es la llave.
Notice the files in the bottom drawer. Keep the desk clean.
Nóutis de fáils in de bótom dró-wr. Kip de desk klin.
Nota los archivos en el cajón del fondo. Mantén el escritorio limpio.

I like people with neat habits. Each day you'll get a list of customers who
Ái láik pípl wuíd nit jábits. Ich déi yul guét a list of cósto-mers ju
Me gusta la gente con hábitos de limpieza. Cada día obtendrás una lista de clientes quienes
are behind in their payments. A letter must be e-mailed to them at once.
ar bijáind in déir péiments. A léte-r mo-st bi i méild tu dem at uáns.
están atrasados en sus pagos. Una carta se les debe enviar por correo electrónico de inmediato.
You have to keep a file of their answers.
Yu jav tu kip a fáil of déir ánsers.
Debes guardar un archivo de sus respuestas.
If they don't pay –you must follow them up.
If déi don't péi –yu mo-st fólow dem o-p.
Si no pagan -deberás darles seguimiento.
A phone call or another e-mail may be necessary.
A fóun co-l or anóder i méil méibi nécesari.
Una llamada u otro correo electrónico pueden ser necesarios

Palabras y Frases Nuevas

1. **at once** de inmediato
2. **bottom** fondo
3. **collect** cobrar
4. **desk** escritorio
5. **drawer** cajón, gaveta
6. **e-mail** correo electrónico
7. **experience** experiencia
8. **fast** rápido
9. **file** archivo, archivar
10. **follow up** dar seguimiento
11. **habit** hábito
12. **handle** manejar, desempeñar
a. **manage** administrar
13. **high school** preparatoria
14. **hire** emplear, contratar
15. **key** llave
16. **list** lista
17. **mail** correo, enviar por correo
18. **neat** limpio
19. **office** oficina
20. **pay** pagar
21. **payment** pago
22. **record** registrar, registro
23. **right** derecho

a. **left** izquierdo

24. **secretary** secretaria(o)

25. **system** sistema

26. **take   care   of** atender a, cuidar/ ocuparse de

27. **type**   teclear, escribir con un teclado

Ejercicios. Conteste en Inglés y de Manera Completa.

1. **Why is Mary looking for a job?**
   ¿Por qué está María buscando un empleo?
2. **Can she do any office work?**
   ¿Puede ella hacer algún trabajo de oficina?
3. **Will Mary make a good secretary?**
   ¿Será María una buena secretaria?
4. **What kind of office worker does her boss like?**
   ¿Qué clase de empleada de oficina le gusta a su jefe?
5. **What will Mary's main job be?**
   ¿Cuál será el trabajo principal de María?

Respuestas. Las respuestas pueden variar de acuerdo al manejo de vocabulario de la persona, éstas son algunas sugerencias.

1. Because she is bored by staying at home.
2. Yes, she can type fast and use the computer.
3. Well, she thinks she can handle the job.
4. Her boss likes clean and neat office workers.
5. She'll have to be sure that customers pay their bills.

Gramática Básica

El condicional con la partícula **If** (si) se forma anteponiendo la palabra o partícula **if** al inicio de la oración condicionada; se complementa con la oración principal. La oración principal y la oración condicionada con **If** pueden intercambiar lugares, es decir, la principal al inicio y la oración condicionada con **If** al final o viceversa. Las oraciones se separan con una coma (,).

Ejemplos:

If a customer doesn't pay, you have to call him.	**Si** un cliente no paga, tú debes de llamarlo.
If Mary can handle the job, her boss will hire her.	**Si** María puede manejar el trabajo, su jefe la contratará.
If they don't pay, you must follow them up.	**Si** ellos no pagan, tú debes de darle seguimiento.
John will receive a salary raise, **if** he gets a big order.	Juan recibirá un aumento de salario, **si** él consigue una orden grande.
The Thomsons have lunch in the garden, **if** it's not raining.	Los Thomson comen en el jardín, **si** no está lloviendo.
Daniel must call the doctor, **if** he continues to feel sick.	Daniel debe llamar al doctor, **si** continúa sintiéndose enfermo.

LESSON 36. LEARNING A FOREIGN LANGUAGE
APRENDIENDO UN IDIOMA EXTRANJERO

John **If I had my way, everyone in the world would speak two languages.**
If ái jad mái wuéi, évriuan in de world wud spik tu: lánguaches.
Si pudiera salirme con la mía, todos en el mundo hablarían dos idiomas.

Anna **John, that's a great idea! To speak at least two languages.**
Yon, dats a gréit aidía! Tu spik at list tu: lánguaches.
¡Juan, esa es una idea grandiosa! Hablar al menos dos idiomas.

John **It's a shame that talks between leaders of nations involve third parties.**
Its a shéim dat tó-lks bitúin líders of néishions invólv tzird pártis.
Es una vergüenza que pláticas entre líderes de naciones impliquen terceros partidos.

Peter **Isn't it terrible, therefore, that the fate of people and the path of history**
Isnt it térribl, dérfor, dat de féit of pípl and de patz of jístori
¿No es terrible, por tanto, que el destino de la gente y la senda de la historia
may depend on the mistaken meaning of one word?
méi dípend on de mistéiken míning of uán wuórd?
pueda depender en el significado equivocado de una palabra?

Mary **In order to know what people really feel, we must know what they say.**
In order tu now wuát pípl ríli fil, wi: mo-st nóu wuát déi séi.
Para saber lo que la gente realmente siente, debemos saber qué dice.

John **It's fun to visit lands whose languages one knows.**
Its fo-n tu vísit lands jús lánguaches uan nows.
Es divertido visitar tierras cuyos idiomas uno conoce.

Mary **And it's easier to trade with them or make friends through blogs and sites.**
And its ísier to tréid wuíd dem or méik frénds thru blogs and sáits.

Y es más fácil comerciar con ellos o hacer amigos mediante blogs y sitios.

Peter **But business and pleasure disappear unless people of all nations**

Bót bísnes and pléshur disápir ó-nles pípl of o-l néishions

Pero negocios y placer desaparecen a menos que la gente de todas las naciones

can live in perfect peace without war.

can liv in pérfect pís wuidáut wuár.

pueda vivir en paz perfecta sin guerra.

Anna **Peace will always be out of reach, if we can't understand one another.**

Pis wuíl ó-lwueis bi áut of rích, if wuí cant ó-nderstand uán anóder.

La paz siempre estará fuera de alcance, si no podemos entendernos unos a otros.

Mary **A new and useful hobby would be learning a foreign language!**

A niú and íusful jóbi wud bi lérning a foréign lánguach!

¡Un nuevo y útil pasatiempo podría ser aprender un idioma extranjero!

Palabras y Frases Nuevas

1. **at least** al menos
2. **blog** sitio de internet
3. **depend** depender
4. **disappear** desaparecer
5. **each other** cada uno al otro
6. **fate** destino; suerte
7. **foreign** extranjero
8. **history** historia
9. **hobby** pasatiempo
10. **land** país, tierra
11. **language** idioma, lengua
12. **leader** líder
    a. **chief** jefe
13. **nation** nación
    a. **race** raza
b. **religion** religión
14. **one another** uno al otro
15. **party** partido; fiesta
    a. **parties** partidos
16. **path** senda, camino, paso
17. **peace** paz
18. **pleasure** placer
19. **reach** alcance
20. **shame** vergüenza, pena
21. **sites** sitios de internet
22. **therefore** por tanto

23. **trade**	negociar, comerciar	25. **visit**	visitar, visita
24. **unless**	a menos que	26. **war**	guerra
		27. **whose**	cuyo(a)

Ejercicios. Conteste en Inglés y de Manera Completa.

1. **How many languages should everyone speak?**
   ¿Cuántos idiomas debería de hablar cada quien?
2. **Why is it a shame that talks between leaders are held by third parties?**
   ¿Por qué es una pena que las pláticas entre líderes se sostengan mediante terceros partidos?
3. **You can't know what people feel, if you can't understand them, can you?**
   No puedes saber lo que la gente siente, si no puedes entenderlos, ¿o sí?
4. **What is fun to do?**
   ¿Qué es divertido hacer?
5. **Why is peace out of reach?**
   ¿Por qué la paz está fuera de alcance?

Respuestas. Las respuestas pueden variar de acuerdo al manejo de vocabulario de la persona, éstas son algunas sugerencias.

1. Everyone should speak at least, two languages.
2. Because they probably don't understand each other very well.
3. No, you can't.
4. It's fun to visit lands whose language you speak.
5. Because people don't understand each other.

Gramática Básica

Whose (cuyo, de quien) es una palabra que se emplea como pronombre y como adjetivo relativo o interrogativo. En caso de estar empleado como pronombre y adjetivo interrogativo, suele iniciar la oración. En caso de emplearse como pronombre y adjetivo relativo podría estar al inicio de una oración subordinada, es decir una oración que depende de otra principal para tener sentido.

Whose empleado como pronombre y adjetivo interrogativo

Whose notebooks are those on the desk? ¿De quién son esos cuadernos sobre el escritorio? **Whose were the customers that didn't pay?** ¿De quién eran los clientes que no pagaron?

Whose empleado como pronombre y adjetivo relativo

This is the country whose language we should learn. Este es el país cuyo idioma deberíamos aprender. **Mark speaks to the man whose car was stolen.** Marco habla con el hombre de quien fue robado el carro.

LESSON 37. RENTING AN APARTMENT
RENTANDO UN APARTAMENTO

Anna **This apartment doesn't suit me at all.**
Dis apártment dosnt sut mi at o-l.
Este apartamento no me satisface para nada.

Mary **It's large enough, it has three big rooms.**
Its larch inóf, it jas tzri big ru:ms.
Es lo suficientemente grande, tiene tres amplias habitaciones.

John **It has some good points...**
It jas sóm gu:d póints...
Tiene algunas ventajas...
I like it because it's on a quiet street.
Ái láik it bicós its on a kwuáiet strit.
Me agrada porque está en una calle tranquila.

Peter **The building is new. Is the rent high?**
De bílding is niú. Is de rent jáig?
El edificio es nuevo. ¿Es la renta elevada?

Anna **A thousand dollars a month,**
A tzáuse-nd dólars a montz,
Mil dólares al mes,
but it isn't worth five hundred.
bo-t it isnt wuortz fáiv jó-ndred.
pero no vale ni quinientos.
We could own a home for that.
Wuí cud own a jóum for dat.
Podríamos ser dueños de un hogar por eso.
The kitchen is tiny and the color is awful.
De kítchen is táini and de cólor is ófo-l.
La cocina es diminuta y el color es horrible.

John **The landlord will paint the walls over...**
De lándlord wuíl péint de wuáls óuver...
El dueño pintará las paredes de nuevo...
It's the best we've seen so far.
Its de best wuív si:n sóu far.
Es lo mejor que hemos visto hasta ahora.
It's big enough for the two of us, plus a pet —maybe a dog.
Its big inóf for de tu: of o-s, plo-s a pet —méibi a dog.
Es lo suficientemente grande para nosotros dos, más una mascota —tal vez un perro.

Mary   **Why don't you talk to the landlord?**
Wuái dont yu tó-k tu de lándlord?
¿Por qué no hablan con el dueño?
Maybe you can get it for less money.
Méibi yu can guét it for les móni.
Tal vez se los deje por menos dinero.

Anna   **I doubt it, he seemed very firm...**
Ái dáubt it, ji simd véri firm...
Lo dudo, él parecía muy firme...
Although your opinion is important,
Óldou yur opínion is impórtant,
A pesar de que tu opinión es importante,
only John and I will have to live here.
ónli Yon and ái wuíl jav tu liv jir.
sólo Juan y yo tendremos que vivir aquí.

John   **Take it easy, honey. We'll look at some more.**
Téik it ísy, jóni. Wuíl luk at som mor.
Tómalo con calma, cariño. Veremos algunos más.

Palabras y Frases Nuevas

1. **although** a pesar de, aún cuando
2. **apartment** apartamento
3. **at all** para nada
4. **awful** horrible
5. **building** edificio
6. **dog** perro
   a. **cat** gato
   b. **animal** animal
7. **doubt** dudar; duda
8. **firm** firme, decidido
9. **kitchen** cocina
10. **large** grande
11. **landlord** dueño
    a. **landlady** dueña
12. **many** muchos
13. **opinion** opinión
14. **pet** mascota
15. **point** punto, apuntar
    a. **good point** ventaja
16. **plus** más
    a. **minus** menos
17. **quiet** tranquilo, quieto
18. **rent** renta, alquiler
19. **so far** hasta ahora
20. **suit** satisfacer, quedar bien
21. **take it easy** tómalo con calma
22. **tiny** chiquito
23. **worth** valor
    a. **be worth** valer

Ejercicios. Conteste en Inglés y de Manera Completa.

1. Why doesn't Anna like the apartment?
¿Por qué a Ana no le gusta el apartamento

2. **Why does John like it?**
    ¿Por qué a Juan sí le gusta?
3. **What does Peter say about the apartment?**
    ¿Qué es lo que Pedro dice del apartamento?
4. **What does Mary suggest they could do?**
    ¿Qué sugiere María que podrían hacer?
5. **John thinks they could find another apartment, doesn't he?**
    Juan piensa que ellos podrían encontrar otro apartamento, ¿no es así?

Respuestas. Las respuestas pueden variar de acuerdo al manejo de vocabulario de la persona, éstas son algunas sugerencias.

1. Because it is expensive and the kitchen is tiny, painted on an awful color.
2. Because it has some good points and it is on a quiet street.
3. He says the building is new.
4. She suggests they talk to the landlord to get it for less money.
5. Yes, he suggests they could look at some other apartments.

Gramática Básica

Las conjunciones **(conjunctions)** se emplean para unir dos oraciones, frases o cláusulas; se encuentran al principio de la primera o de la segunda parte de la oración unida. Algunos ejemplos de estas palabras son **and** (y), **or** (o), **but** (pero), **although** (a pesar de); **if** (si).

Holly can't do her homework today, so Brad will help her tomorrow.
Holly no puede hacer su tarea hoy, así que Brad le ayudará mañana.
Either Patrick and Alfred are good friends or they wouldn't be together.
O Patricio y Alfredo son buenos amigos, o no estarían juntos.
We want to find the best house for rent, but we don't have enough time.
Queremos encontrar la mejor casa en renta, pero no tenemos suficiente tiempo.

LESSON 38. GOING TO SCHOOL
IR A LA ESCUELA

Mary **I could dance right now!**
Ái cud dans ráigt naw!
¡Podría bailar en este momento!

George **So early on Monday morning?**
So érli on Móndei mórning?
¿Tan temprano en lunes por la mañana?

Mary **This is my last week of high school.**
Dis is mái last wi:k of jáig skul.
Esta es mi última semana de preparatoria.
The last week of the last year!
De last wi:k of de last yir. *La última semana del último año.*

George **And then you go to college. How lucky you are!**
And den yu go tu cólech. Jaw ló-ki yu ar!
Y entonces irás a la universidad. ¡Qué suertuda eres!

Mary **You'll finish high school in one more year.**
Yul finish jáig skul in uán mor yir.
Terminarás la preparatoria en un año más.
The months will go by quickly.
De montzs wil go bái kuíkli.
Los meses se pasarán rápido.

George **I hope so. It will be my last year,**
Ái jóup so. It wuíl bi mái last yir,
Eso espero. Será mi último año,
but I have many credits to cover.
bo-t ái jav méni crédits tu cóver.
pero tengo muchos créditos que cubrir.

Mary **Take it easy. You're young only once...**
Téik it ísi. Yur yong ónli uáns...
Tómalo con calma. Eres jóven sólo una vez...
you're just growing up.
yur jo-st gRówuing o-p.
apenas estás creciendo.

George **Well, it's still a long way to go.**
Wuél, its stil a long wuéi tu go.
Bueno, todavía hay un largo camino para andar.
Other five years, you know.
Óder fáiv yirs, yu now.
Otros cinco años, tú sabes.

Mary **Please don't worry about that!**
Plís dont wuórri abáut dat!
¡Por favor no te preocupes por eso!
Besides you may meet a nice girl.
Bisáids yu méi mit a náis guerl.
Además tú puedes conocer a una linda chica.
George **Well, If you put it that way...**
Wuel, if yu put it dat wuéi...
Bueno, si lo pones de esa manera...
I could find her through the messenger.
Ái cud fáind jer tzru de mésenyer.
La podría conocer por el "messenger".
Mary **Maybe, but you shouldn't skip classes on account of that.**
Méibi, bo-t yu shudnt skip cláses on acáunt of dat.
Posiblemente, pero no deberías faltar a clases por cuenta de ello.
George **I don't mean to... The bell rang, let's go to class.**
Ái dont min tu... De bel rang, lets go tu clas.
No es mi intención... La campana sonó, vayamos a clase.

Palabras y Frases Nuevas

1. **bell** campana
2. **beside(s)** además
   a. **beside** al lado de
   b. **side** lado
3. **by** por
4. **class** clase
5. **could** podría (mos, as, an)
6. **cover** cubrir
7. **credits** créditos
8. **dance** bailar, baile
9. **finish** acabar
10. **girl** muchacha, niña
11. **grow** crecer
12. **hope** esperar, esperanza
13. **lucky** suertuda(o)
14. **mean** tener la intención
15. **messenger** sistema de mensajes instantáneos empleando el internet
16. **on account of** por cuenta de
17. **other** otro
18. **quickly** rápidamente
19. **skip** saltar; faltar a (clases)
20. **wait** esperar
21. **worry** preocupación, preocupado
22. **year** año

Ejercicios. Conteste en inglés y de manera completa.

1. **Is Mary dancing right now?**
   ¿Está María bailando en este momento?
2. **Is it Mary's first week of school?**
   ¿Es la primera semana de escuela de María?
3. **Will she go on to college?**
   ¿Seguirá a la universidad?
4. **What's George worried about?**
   ¿De qué está preocupado Jorge?
5. **George shouldn't skip classes to use the messenger, should he?**
   Jorge no debería faltar a clases para usar el messenger, ¿o sí?

Respuestas. Las respuestas pueden variar de acuerdo al manejo de vocabulario de la persona, éstas son algunas sugerencias.

1. No, she is just very happy.
2. No, this is her last week of school.
3. Yes, she will go on to college.
4. He is worried about the credits he is missing.
5. No, he shouldn't skip classes on account of that.

Gramática Básica

Para expresar una fecha en idioma inglés se puede hacer de varias formas. La más común es anotar el mes, el día y por último el año: **December 25, 2015.**

Sin embargo también se puede iniciar con el día de la semana, seguido por el mes, el día numérico y por último el año: **Wednesday, December 25, 2015.**

Cuando queremos decir que una actividad o evento se desarrollarán en cierto mes, empleamos la preposición **in**:

My birthday is in August.
Mi cumpleaños es en agosto.
Our wedding anniversary is in May.
Nuestro aniversario de bodas es en mayo.
The baby will be born in March.
El bebé nacerá en marzo.

Por otro lado, si nos referimos al día específico en que se realizará el evento, ya sea mencionando el mes o no, tendremos que emplear la preposición **on:**

The prom party will be on Friday, July 3rd.
La fiesta de graduación será el viernes, tres de julio.
Their visit to the museum was on Tuesday.
Su visita al museo fue en martes.
We celebrate New Year on January 1st.
Celebramos año nuevo en enero primero.

LESSON 39. BUYING INSURANCE
COMPRANDO UN SEGURO

Anna   **The agent left a life insurance form for you to fill out and sign.**
De éiyent left a láif inshúrans form for yu tu fil áut and sáign.
El agente dejó una forma de seguro de vida para que tú la llenes y firmes.

John   **I was expecting it. Where's the pen?**
Ái wuás expécting it. Wuérs de pen?
La estaba esperando. ¿Dónde está la pluma?

Anna   **Is this extra expense necessary?**
Is dis éxtra expéns nécesari?
¿Es necesario este gasto extra?
We already have our cars' insurances.
Wuí ó-lredi jav áur cars inshúranses.
Ya tenemos los seguros de nuestros carros.

John   **Of course. The policy will be in your name. If I die,**
Of co-rs. De pólici wuíl bi in yur néim. If ái dái,
Por supuesto. La póliza estará a tu nombre. Si yo muero,
you will receive enough money to support you during your lifetime.
yu wuíl risív inóf móni tu supórt yu diúring yur láiftaim.
tú recibirás suficiente dinero para mantenerte durante tu vida.

Anna   **But you're a healthy fellow.**
Bo-t yur a jéltzi félow.
Pero tú eres un tipo saludable.
You will live forever –there's no danger.
Yu wuíl liv foréver –ders no déinyer.
Vivirás por siempre –no hay peligro.

John   **You ought to be serious, Anna.**
Yu ot tu bi síriu-s, Ana.
Debes ponerte seria, Ana.
Accidents may happen anytime.
Áxidents méi jápen énitaim.
Los accidentes pueden suceder en cualquier momento.
For example, many men of my age, die suddenly
For exampl, meni men of mai éich, dái só-denli
Por ejemplo, muchos hombres de mi edad, mueren repentinamente

of heart trouble, or of a disease they never expected,
of ja-rt tró-bl, or of a disís dey néver expécte-d,
*de problemas cardíacos,o de una enfermedad que nunca
se esperaron,*
like a type of cancer or something.
láik a táip of cánser or sómtzing.
como un tipo de cáncer o algo.

Anna   **OK. What's the cost of the policy?**
Okéi. Wuáts de cost of de pólici?
Está bien. ¿Cuál es el costo de la póliza?

John   **Not much; but anyway, we should have it.**
Not mo-ch; bo-t éniwuei, wui shud jav it.
No mucho; pero de cualquier manera, deberíamos tenerla.
Anything is possible in life.
Énitzing is pósibl in láif.
Cualquier cosa es posible en la vida.
Don't look so scared –you must face facts.
Don't luk so skérd –yu mo-st féis facts.
No te pongas tan asustada –debes enfrentar los hechos.
I don't want my family to be in need of help.
Ái don't wuánt mái fámili tu bi in nid of jelp.
No quiero que mi familia esté necesitada de ayuda.
And I want my children to be taken care of.
And ái wuánt mái chíldren tu bí téiken kér of.
Y quiero que mis hijos estén bien cuidados.

Palabras y Frases Nuevas

1. **accident** accidente
2. **agent** agente
3. **danger** peligro
4. **disease** enfermedad
5. **during** durante, por
6. **example** ejemplo
7. **extra** adicional
8. **face** dar la cara, enfrentar
9. **fellow** tipo
10. **fill out** llenar
11. **form** forma
12. **heart** corazón
13. **insurance** seguro
14. **life** vida
15. **lifetime** tiempo de vida
16. **name** nombre; nombrar
17. **pen** pluma
    a. **pencil** lápiz
    b. **ink** tinta

18. **policy**   póliza;
política
19. **receive** recibir
20. **serious** seria(o)
21. **sign**   firmar;
signo
22. **suddenly**
repentinamente;
súbitamente

a. **sudden**
súbito
23. **support**
mantener;
sostener
24. **take   care   of**
tener cuidado de;
cuidar

Ejercicios. Conteste en inglés y de manera completa.

1. **What is John going to buy?**
¿Qué es lo que Juan va a comprar?
2. **In whose name will the policy be?**
¿A nombre de quién estará la póliza?
3. **Does Anna think the expense is worthwhile?**
¿Ana piensa que el gasto vale la pena?
4. **Anna is afraid to face the facts, isn't she?**
Ana está asustada de enfrentar los hechos, ¿o no?
5. **Whom does John wish to take care of?**
¿A quién quiere cuidar Juan?

Respuestas. Las respuestas pueden variar de acuerdo al manejo de vocabulario de la persona, éstas son algunas sugerencias.

1. John is going to buy a life insurance.
2. The policy will be in Anna's name.
3. No, she doesn't.
4. Yes, she doesn't want to think about accidents or diseases.
5. He wants his family to be taken care of.

Gramática Básica

Para indicar que una persona u objeto es dueño de algo, es decir, para indicar el posesivo de un sustantivo **(possessive)** en inglés empleamos el apóstrofe seguido de la letra 's': **'s.** Cuando el sustantivo termina en letra 's', entonces sólo agregamos el apóstrofe: **'.**

Ejemplos

The insurance will be in Anna's name.
El seguro estará a nombre de Ana.

John wants his children's future to be secure.
Juan quiere que el futuro de sus hijos esté seguro.

This is Luigi's Pizza Company.
Esta es la Compañía de Pizza de Luis.

My hands' gloves are pink.
Los guantes de mis manos son rosas.

Our cars' insurances were paid yesterday.
Los seguros de nuestros carros fueron pagados ayer.

We should buy our Christmas' presents.
Deberíamos comprar nuestros regalos de Navidad.

UNIT 5. GOING PLACES
UNIDAD 5. YENDO A LUGARES

LESSON 40. TAKING A WALK
DANDO UN PASEO

Anna **Let's take a long walk.**
Lets téik a long wo-k.
Vamos a dar un largo paseo.

John **Where do you want to go?**
Wuer du yu wuant tu go?
¿A dónde quieres ir?

Anna **How about the coffee shop? Or maybe the park?**
Jaw abáut de cófi shop? Or méibi de park?
¿Qué tal a la cafetería? ¿O tal vez el parque?

John **All right, let's go. Put on your coat.**
O-l ráigt, lets go. Pu-t on yur cóut.
Muy bien, vamos. Ponte tu abrigo.
It's cold and there's a strong wind.
Its cold and ders a strong wuind.
Hace frío y hay un fuerte viento.

Anna **I'm ready, John.**
Áim rédi, Yon.
Estoy lista, Juan.

John **Look out going down the steps. Take my hand.**
Luk áut góing dáun de steps. Téik mái jand.
Ten cuidado al bajar los escalones. Toma mi mano.

Anna **The cool air feels good.**
De cul er fils gud.
El aire fresco se siente bien.
I don't like warm weather, it makes me feel weak.
Ái dont láik wuarm wuéder, it méiks mi fil wuík.
No me gusta el clima cálido, me hace sentir débil.

John **Let's walk down this street... Am I walking too fast?**
Lets wo-k dáun dis strit... Am ái wó-king tu fast?
Vamos a caminar por esta calle. ¿Estoy caminando muy rápido?

Anna **Yes, I take shorter steps.**
Yes, ái téik shórter steps.
Sí, yo doy pasos más cortos.

John **Here's the coffee shop. Do you want to sit down?**
Jirs de cófi shop. Du yu wuánt tu sit dáun?
Aquí está la cafetería. ¿Quieres sentarte?

Anna **Yes, let's order and sit for a while.**
Yes, lets órder and sit for a wuáil.
Sí, ordenemos y sentémonos por un rato.

Later ***Más Tarde***
Anna **We can walk some more, if you're not too tired.**
Wuí can wo-k som mor, if yur not tu táerd.
Podemos caminar un poco más, si no estás demasiado cansado.
Or we can take the bus back home.
Or wi can téik de bo-s bak jóum.
O podemos tomar el autobús de regreso a casa.
The bus stops right there.
De bo-s stops ráigt der.
El autobús se detiene justo ahí.
John **Great idea! Let's walk to the bus stop!**
Gréit aidía! Lets wo-k tu de bus stop.
¡Grandiosa idea! Caminemos a la parada del autobús.

Palabras y Frases Nuevas

1. **air** aire
2. **coat** abrigo
   a. **hat** sombrero
3. **coffee shop** cafetería
   a. **coffee** café
4. **down** abajo
   a. **go down** bajar
   b. **sit down** sentarse
   c. **up** arriba
5. **feel** sentir
6. **hand** mano
7. **long** largo
8. **order** ordenar
9. **park** parque
10. **put** poner
11. **ready** listo
12. **short** corto
13. **step** escalón; paso
14. **stairs** escalera
15. **strong** fuerte
16. **take** tomar; coger
17. **tired** cansado(a)
18. **walk** caminar, andar; paseo
19. **while** rato; mientras
20. **wind** viento

Ejercicios. Conteste en inglés y de manera completa.

1. **Does Anna put on her coat?**
   ¿Se pone Ana su abrigo?

2. **Where did Anna and John go?**
   ¿A dónde fueron Ana y Juan?
3. **Why doesn't Anna like warm weather?**
   ¿Por qué a Ana no le agrada el clima cálido?
4. **Who takes short steps?**
   ¿Quien da pasos cortos?
5. **Is John tired?**
   ¿Está Juan cansado?

Respuestas. Las respuestas pueden variar de acuerdo al manejo de vocabulario de la persona, éstas son algunas sugerencias.

1. Yes, she does.
2. They walked down the street to the coffee shop.
3. Because it makes her feel weak.
4. Anna takes short steps.
5. Probably yes, because he wants to take the bus.

Gramática Básica

Las preposiciones **(prepositions)** son palabras que anteponemos a un sustantivo y que por lo general indican dónde está localizado algo o cuándo ocurrió un evento. Las preposiciones pueden tener <u>uno o varios significados</u>, de acuerdo al contexto en que se empleen.

A continuación proporcionamos una lista de las más empleadas en este libro, seguida de algunos ejemplos.

about	acerca de	**between**	entre	**outside**	afuera
above	encima	**but**	pero	**over**	por
across	a través	**by**	por		encima
after	después	**down**	abajo	**since**	desde
against	en contra	**during**	durante	**than**	que
along	a lo largo	**except**	excepto	**through**	a través
around	alrededor	**for**	por	**to**	a/ para
as	como	**from**	de	**under**	por
at	en	**in**	en		debajo
before	antes	**inside**	dentro	**until**	hasta
behind	detrás	**near**	cerca	**up**	arriba
below	por debajo	**of**	de	**with**	con
beside	a un lado	**off**	fuera de	**within**	dentro
besides	además	**on**	sobre	**without**	fuera

Ejemplos:

This book is <u>about</u> a trip <u>to</u> Africa.	Este libro es <u>acerca</u> de un viaje <u>a</u> África.
English class is <u>at</u> 5:00 pm <u>in</u> here.	La clase de inglés es <u>a</u> las 5:00 pm aquí <u>adentro.</u>
The bank is <u>near</u> the school <u>up</u> street.	El banco está <u>cerca</u> de la escuela calle arriba.

LESSON 41.   GOING TO THE PARK
YENDO AL PARQUE

Anna   **The park looks so empty.**
De park luks so émpti.
El parque se ve tan vacío.

John   **It often is in the fall.**
It ófen is in de fo-l.
Frecuentemente lo está en el otoño.
The grass is still green but the leaves are changing.
De gras is stil grin, bo-t de livs ar chéinying.
El pasto aún está verde pero las hojas están cambiando.

Anna   **I come here often in the spring,**
Ái com jir ófen in de spring,
Yo vengo aquí seguido en primavera,
when it's full of people.
wuén its ful of pípl.
cuando está lleno de gente.
Look at those pretty birds! I like the white ones.
Luk at dóus príti be-rds! Ái laik de wuáit uáns.
Mira esos lindos pájaros. Me gustan los blancos.

John   **The red ones are pretty too.**
De red uáns ar príti tu.
Los rojos también están bonitos.
Look at those boys climbing the trees.
Luk at dóus bóis cláimbing de tris.
Ve a esos niños trepando los árboles.

Anna   **Let's go to the swings.**
Lets go tu de swuíngs.
Vamos a los columpios.

John   **Oh, Anna, you're joking!**
Oh, Ana, yur yóuking!
¡Oh, Ana, estás bromeando!

Anna   **No, I'm not. Let's run to get there!**
No, áim not. Lets ro-n tu guét der!
No lo estoy. Corramos para llegar allá.

Palabras y Frases Nuevas

1. **bird** pájaro
2. **fall** otoño
   a. **winter** invierno
3. **full** lleno

4. **grass** pasto, hierba
    a. **garden** jardín
5. **joke** bromear; broma
6. **spring** primavera
    a. **summer** verano
7. **swing** columpio; columpiar
8. **thing** cosa
    a. **anything** algo, cualquier cosa
    b. **nothing** nada, ninguna cosa
    c. **something** algo, alguna cosa
9. **tree** árbol
10. **leaf** hoja (de árbol)
    a. **leaves** hojas

Ejercicios. Conteste en inglés y de manera completa.

1. **Does Anna go to the park often?**
    ¿Va Ana al parque seguido?
2. **When is the park full of people?**
    ¿Cuándo está el parque lleno de gente?
3. **There are no birds in the park, are they?**
    No hay pájaros en el parque, ¿o sí?
4. **What are the kids doing?**
    ¿Qué están haciendo los niños?
5. **Why does John think Anna is joking?**
    ¿Por qué piensa Juan que Ana está bromeando?

Respuestas. Las respuestas pueden variar de acuerdo al manejo de vocabulario de la persona, éstas son algunas sugerencias.

1. Yes, she goes often to the park in the spring.
2. The park is full of people during the spring.
3. Yes, there are some pretty birds in the park.
4. The boys are climbing trees.
5. Because she wants to go to the swings.

Gramática Básica

Las estaciones del año **(seasons of the year)** se viven de manera diferente en distintas partes del planeta. Entre más cerca se está del ecuador, más cálido será el clima del país, por tanto, la diferencia de temperatura y vegetación no es tan drástica como en los países más alejados del ecuador y cercanos a los polos.

En el hemisferio norte **(Northern Hemisphere)**, las estaciones del año son diferentes que en el hemisferio sur **(Southern Hemisphere)**, así cuando en el hemisferio norte es primavera **(spring)** en el hemisferio sur es otoño **(fall)**.

Seasons of the Year Estaciones del Año			
Northern Hemisphere Hemisferio Norte		**Southern Hemisphere** Hemisferio Sur	
spring	primavera	**fall/ autumn**	otoño
summer	verano	**winter**	invierno
fall/ autumn	otoño	**spring**	primavera
winter	invierno	**summer**	verano

Así como las condiciones climáticas varían de acuerdo a la distancia del ecuador o cercanía de los polos, así también la vegetación se afecta. Por ejemplo en un país cercano al ecuador la vegetación será abundante, verde, incluso tropical y, por ejemplo, habrá lluvias torrenciales y altas temperaturas en el verano. Mientras que en un país más cercano al polo la vegetación no será tan exhuberante ni las lluvias tan abundantes. A esto se debe el hecho de que en países cercanos a los polos, los árboles cambien sus hojas de color o las pierdan totalmente, mientras que el pasto no será tan verde o se perderá con el hielo y la nieve.

LESSON 42. IN THE SUBWAY
EN EL METRO

Peter **It's ten to eight. We'll take an early train.**
Its ten tu éit. Wuíl téik an erli tréin.
Son diez para las ocho. Tomaremos un tren temprano.

John **Maybe we'll get a seat.**
Méibi wuíl guét a sit.
Tal vez tengamos un asiento.

Peter **What luck! Here's one.**
Wuát lu-k! Jirs uán.
¡Qué suerte! Aquí hay uno.

John **I'll stand. I'm not tired.**
Áil stand. Áim not táird.
Yo iré de pie. No estoy cansado.
This old man and woman have no seats.
Dis old man and wúman jav no sits.
Este hombre viejo y mujer no tienen asientos.

Peter **Please sit down, madam.**
Plis sit dáun, mádam.
Por favor siéntese, señora.

Woman **Thank you, sir. You're very kind.**
Tzéink yu, se-r. Yur véri káind.
Gracias señor. Es usted muy amable.

John **You're welcome, ma'am... The train is full today.**
Yur wuélcom, ma:m... De tréin is ful túdei.
De nada, señora... El tren está lleno hoy.

Peter **Too full, if you ask me. It's hard to read.**
Tu ful, if yu ask mi. Its jard tu rid.
Demasiado lleno, si me preguntas. Cuesta trabajo leer.

John **Let's take an earlier train tomorrow.**
Lets téik an érlier tréin túmorrow.
Tomemos un tren más temprano mañana.

Peter **But we'll have to get up earlier, and I don't like that at all.**
Bót wuíl jav tu guét óp érlier, and ái dont láik dat at ól.
Pero tendremos que levantarnos más temprano, y eso no me gusta para nada.

John **Well, we'll see. I get off at this stop.**
Wuél, wil si:. Ái guét of at dis stop.
Bueno, veremos. Yo me bajo en esta parada.

Peter **Will you be on time?**
       Wuíl yu bi on táim?
       ¿Llegarás a tiempo?
John   **Yes, my boss isn't in yet.**
       Yes, mái bos isnt in yet.
       Sí, mi jefe no está aún.

Palabras y Frases Nuevas

1. **ask** preguntar
2. **early** temprano
3. **full** lleno
4. **kind** amable
5. **luck** suerte
6. **maybe** quizás, tal vez
7. **seat** asiento
8. **stand** estar de pie; soportar
9. **subway** metro
      a. **underground** metro
10. **subway station** estación del metro
11. **today** hoy
12. **tomorrow** mañana
13. **train** tren
14. **yet** todavía, aún

Ejercicios. Conteste en inglés y de manera completa.

1. **Where are John and Peter?**
   ¿Dónde están Juan y Pedro?
2. **Do they get seats?**
   ¿Obtienen ellos asientos?
3. **To whom does Peter give his seat?**
   ¿A quien le cede Pedro su asiento?
4. **What train will they take tomorrow?**
   ¿Qué tren tomarán mañana?
5. **What will they have to do to take that train?**
   ¿Qué tendrán que hacer para tomar ese tren?

Respuestas. Las respuestas pueden variar de acuerdo al manejo de vocabulario de la persona, éstas son algunas sugerencias.

1. They are in the subway.
2. They only get one sit.

3. He gives his seat to a woman.
4. They want to take an earlier train.
5. They will have to get up earlier.

Gramática Básica

En ocasiones un sujeto o un objeto están implícitos en las oraciones. En el caso del sujeto, le llamamos tácito y en inglés por lo general, sólo se emplea en oraciones que comparten el **sujeto**, para no repetirlo.

Ejemplos

Mrs. Gardner has paid her bills and done the house keeping.
La Sra. Gardner ha pagado sus cuentas y hecho el aseo de la casa.

The little children are playing in the garden and running in the yard.
Los niños pequeños están jugando en el jardín y corriendo en el patio.

Como vemos en la segunda oración **"done the house keeping"** y **"running in the yard"** no aparece ningún sujeto, pues es el mismo de la primera oración, es decir **"Mrs. Gardner"** y **"The Little Children"**.

A continuación tenemos ejemplos de **objetos** implícitos en las oraciones.

Ejemplos

My boss is not in yet.   Mi jefe no está aún.

Quiere decir: **My boss is not in (the office) yet.**
Mi jefe no está (en la oficina) aún.

The movie was already on.   La película ya estába.

Quiere decir: **The movie was already on (the screen).**
La película ya estaba (en la pantalla).

LESSON 43. THE COUNTYSIDE
EL CAMPO

Anna **I'm so tired. I can't stand up.**
Áim so tái-ird. Ái cant stand o-p.
Estoy tan cansada. No me puedo levantar.
But we had a lovely time yesterday.
Bo-t wii jad a lóvli táim yésterdei.
Pero tuvimos un rato adorable ayer.

Mary **Where did you go?**
Wuér did yu go?
¿A dónde fueron?

Anna **I went out with John. We drove into the country...**
Ái wuént áut wuíd Yon. Wuí dróuv íntu de cóuntri...
Salí con Juan. Manejamos al campo...
I love the fresh air.
Ái lov de fresh er.
Amo el aire fresco.
It was clean, not like the polluted city air.
It wuás klin, not láik de polúte-d síti er.
Estaba limpio, no como el contaminado aire de la ciudad.

Mary **What else did you do? Did you go fishing by the river?**
Wuát els did yu du? Did yu go fishing bái de ríver?
¿Qué más hicieron? ¿Fueron a pescar por el río?

Anna **John wanted, but I wouldn't let him.**
Yon wánte-d, bo-t ái wúdnt let jim.
Juan quería, pero yo no lo dejé.
We took a boat and we went out on the lake.
Wuí tuk a bóut and wuí wuént áut on de léik.
Tomamos un bote y salimos por el lago.
The water was cool and clear.
De wuáter was kul and klir.
El agua estaba fresca y clara.

Mary **And did John sing love songs to you?**
And did Yon sing lov songs tu yu?
¿Y Juan te cantó canciones de amor?

Anna **Don't be so funny! The ride back was just as nice.**
Dont bi so fó-ni! De ráid bak wuás jo-st as náis.
¡No seas tan chistosa! El paseo de regreso fue igual de agradable.

Mary **Did you have dinner on the way?**
Did yu jáv díner on de wuéi?
¿Comieron en el camino?

Anna **Yes, at a little place on the road.**
Yes, at a litl pléis on de róud.
Sí, en un pequeño lugar en el camino.
I'll never forget it –the food was fine.
Áil néver forguét it –de fud wuás fáin.
Nunca lo olvidaré –la comida estuvo muy buena.
But it's good to be home again.
Bo-t its gud tu bi jóum aguén.
Pero es bueno estar en casa de nuevo.

Palabras y Frases Nuevas

1. **boat** bote
   a. **ship** barco
2. **city** ciudad
   a. **town** ciudad, pueblo, población
3. **clean** limpiar, limpio
4. **clear** claro, aclarar
5. **country** campo; país
6. **dirty** sucio
7. **drive** conducir; manejar; paseo en carro
8. **else** más
9. **fish** pescar; pez, pescado
10. **fresh** fresco
11. **lake** lago
    a. **sea** mar
    b. **ocean** océano
12. **out** afuera, fuera
13. **polluted** contaminado
    a. **dirty** sucio
14. **ride** viaje, paseo, montar
15. **river** río
16. **road** camino, carretera
17. **sing** cantar
18. **song** canción
19. **up** arriba
20. **water** agua

Ejercicios. Conteste en inglés y de manera completa.

1. **Why is Anna so tired?**
   ¿Por qué está Ana tan cansada?
2. **She likes fresh clean air, doesn't she?**
   A ella le gusta el aire limpio y fresco, o no?
3. **Where did Anna and John go on the boat?**
   ¿A dónde fueron Ana y Juan en el bote?

4. **Was John singing love songs to Anna?**
¿Le estaba cantando canciones de amor Juan a Ana?
5. **Is Anna happy to be home again?**
¿Está contenta Ana de estar en casa de nuevo?

Respuestas. Las respuestas pueden variar de acuerdo al manejo de vocabulario de la persona, éstas son algunas sugerencias.

1. Because yesterday they went to the country.
2. Yes, she does.
3. They went out on the lake.
4. No, he wasn't.
5. Yes, she is very happy.

Gramática Básica

La combinación de tiempos verbales en oraciones que están juntas se puede dar para referirnos a eventos que suceden en distintos momentos pero que tienen una relación específica. Si bien, es recomendable escribir párrafos en un solo tiempo verbal (presente, pasado o futuro), en ocasiones es necesaria esta mezcla de tiempos para comprender o expresar las ideas claramente.

Ejemplos

We drove into the country because I love the fresh air.
Manejamos al campo porque yo amo el aire fresco.

En este caso la primera oración está en pasado simple, un evento que ya terminó; mientras que la segunda está en presente simple, pues es una acción que es constante y no ha terminado.

John didn't sing any song to Anna. Therefore, Mary was making fun of her.
Juan no le cantó ninguna canción a Ana. Por tanto, María le estaba haciendo burla.

En este caso las dos oraciones están en tiempo pasado, sin embargo, la primera está en pasado simple y la segunda está en pasado continuo.

Anna <u>will</u> never <u>forget</u> the ride back home because the food <u>was</u> delicious.
Ana nunca olvidará el viaje de regreso a casa porque la comida estaba deliciosa.

Finalmente la primera oración está en futuro simple, porque es una acción que se realizará del momento presente a cualquier momento futuro; mientras que la segunda en pasado simple, porque el evento ya concluyó.

LESSON 44. AT THE THEATER. TAKING A CAB
EN EL TEATRO. TOMANDO UN TAXI

Peter **I'll see you Tuesday evening, Mary.**
Áil si yu Tíusdei ívening, Méri.
Te veré el martes en la tarde, María.
Be ready at seven o'clock sharp.
Bi rédi at séven oclok sharp.
Estás lista a las siete en punto.
We're going to the theater.
Wuír góing tu de tziáre-r.
Vamos a ir al teatro.
I was able to get two good seats.
Ái was éibl tu guét tu gud sits.
Pude obtener dos buenos asientos.

Mary **Is it a drama? Or a musical comedy?**
Is it a dráma? Or a miúsical cómedi?
¿Es un drama? ¿O una comedia musical?

Peter **It's a play about a famous actor... A drama.**
Íts a pléi abáut a féimo-s áctor... A dráma.
Es una obra sobre un actor famoso... Un drama.

Mary **Is it very sad? Will I cry?**
Is it véri sad? Wuil ái crái?
¿Es muy triste? ¿Voy a llorar?

Peter **Well, I don't think you'll laugh.**
Wuél, ái dont tzink yul láf.
Bueno, no creo que vayas a reir.
This actor drinks too much.
Dis áctor drinks tu mó-ch.
Este actor toma demasiado.
Until he can't find work on the stage.
Ó-ntil ji cant fáind wuórk on de stéich.
Hasta que él no puede encontrar trabajo en el escenario.
He has to give up the theater.
Ji jas tu guiv ó-p de tziárer.
Tiene que dejar el teatro.
His friends won't talk to him,
Jis frénds wuónt tó-k tu jim,
Sus amigos no le hablan,
but his wife stays at his side.
bó-t jis wuáif stéis at jis sáid.
pero su esposa se queda a su lado.

Mary **Say –I think you're telling me too much.**
Sei –ái tzink yur téling mi tu mó-ch.
Epa –pienso que me estás diciendo demasiado.
You'll spoil the play that way!
Yu'l spóil de pléi dat wuéi.
¡Echarás a perder la obra de esa manera!
Peter **You're right. You'll find out the end next week at the show.**
Yur ráit. Yul fáind áut de end next wuík at de show.
Tienes razón. Te enterarás del final la próxima semana en la función.
Meanwhile, I'm calling a cab to take you home... Taxi!
Mínwuail, áim có-ling a cab tu téik yu jóum... Táxi!
Mientras tanto, voy a llamar un auto de alquiler para llevarte a casa... ¡Taxi!
Be careful getting in.
Bi kérful guéting in.
Ten cuidado al entrar.
Would you please let the driver know your address?
Wud yu plis let de dráiver now yur ádres?
¿Le harías saber al conductor tu dirección?
Mary **Sure, no problem...**
Shur, no problem...
Seguro, sin problema...

Palabras y Frases Nuevas

1. **address** dirección
2. **be able to** ser capaz de; poder
3. **cab** taxi; auto de alquiler
   a. **taxi** taxi
4. **comedy** comedia
5. **drama** drama
6. **driver** conductor, chofer
7. **end** terminar; término, fin
8. **evening** tarde; noche
9. **famous** famoso
10. **find** encontrar, conseguir
11. **get in** entrar
    a. **get out** salir
12. **happen** suceder, pasar
13. **laugh** reirse; risa
14. **meanwhile** mientras tanto
15. **musical** musical
16. **or** o
17. **play** obra de teatro
18. **sad** triste
19. **seat** asiento
20. **sharp** en punto; agudo

21. **show**   función; espectáculo
22. **spoil**   echarse a perder
23. **stage**   escenario
24. **stay**   permanecer; quedar
25. **theater**   teatro
26. **ticket**   boleto, billete
27. **until**   hasta

Ejercicios. Conteste en inglés y de manera completa.

1. **Where are they going on Tuesday evening?**
   ¿A dónde van a ir el martes por la tarde?
2. **At what time must Mary be ready?**
   ¿A qué hora debe María estar lista?
3. **Why can't the actor find work?**
   ¿Por qué no puede el actor encontrar trabajo?
4. **Was Peter able to get a cab?**
   ¿Fue capaz Pedro de conseguir un taxi?
5. **Where is Peter taking Mary in this moment?**
   ¿A dónde llevará Pedro a María en este momento?

Respuestas. Las respuestas pueden variar de acuerdo al manejo de vocabulario de la persona, éstas son algunas sugerencias.

1. They're going to the theater.
2. She must be ready at seven o'clock.
3. Because he drinks too much.
4. Yes, he was.
5. He's taking her to her house.

Gramática Básica

El verbo **to be able to** ('ser capaz de' o 'tener la habilidad de') se emplea en lugar de el auxiliar **can/ can't** (poder/no poder) y **could/couldn't** (podría/no podría), cuando éstos no son suficientes porque se requiere una conjugación del verbo en otro tiempo o porque se desea expresar una habilidad específica más allá de la habilidad física.

Ejemplos

William <u>will be able to</u> do his homework next week.
Pedro será capaz de hacer su tarea la próxima semana.
The Roberts <u>weren't able to</u> change their plane tickets for their vacations.
Los Roberts no fueron capaces de cambiar sus boletos de avión para sus vacaciones.

LESSON 45. GOING OUT: THE RESTAURANT AND THE MOVIES
SALIENDO: EL RESTAURANTE Y EL CINE

John   **This is a nice restaurant. Let's go inside.**
Dis is a náis résto-rant. Lets go insáid.
Este es un restaurante agradable. Entremos.

Anna   **Oh, John, we can't afford to eat here.**
O, Yon, wuí cant afórd tu it jir.
Oh, Juan, no podemos costear el comer aquí.
The prices must be very high.
De práises mo-st bi véri jáig.
Los precios deben ser muy elevados.

John   **Don't be foolish –I've eaten here before.**
Dont bi fúlish –Áiv íten jir bifór.
No seas tonta –Yo he comido aquí antes.

Anna   **And with whom, may I ask?**
And wuíd jum mei ái ask?
Y con quién, ¿si puedo preguntar?

John   **Why, Anna, you're jealous! Don't be... let´s go in.**
Wuái Ana, yur dzélo-s! Dont bi... lets go in.
Pero, Ana, ¡Estás celosa! No lo estés... vamos adentro.

Waiter **Table for two, sir?**
Téibl for tu, se-r?
Mesa para dos, ¿señor?

John   **Yes, toward the back, by the window.**
Yes, tówuard de bak, bái de wuíndow.
Sí, hacia el fondo, por la ventana.
May we have the menu, please?
Méi wui jav de méniu, plis?
¿Podría darnos el menú, por favor?
What will you start with, Anna?
Wuát wuíl yu start wuíd, Ana?
¿Con qué empezarás, Ana?

Anna   **First, I'll have an oyster cocktail; then, onion soup.**
Férst, áil jav an óiste-r coktéil; den, ónion sup.
Primero, comeré un coctel de ostras; después, sopa de cebolla.
How about you, honey?
Jáu abáut yu, jóni?
¿Qué hay de ti, cariño?

John   **I'll probably have the same.**
Áil próbabli jav de séim.

Yo probablemente pediré lo mismo.
What would you like for the main dish?
Wuát wud yu láik for de méin dish?
¿Qué te gustaría como plato principal?

Anna **I don't know. What do you want?**
Ái dont now. Wuát du yu wuánt?
No lo sé. ¿Qué quieres tú?

John **Maybe the roast beef with baked potato... Or boiled ham.**
Méibi de róust bif wuíd béikd potéito... Or bóild jam.
Tal vez la carne asada con papa al horno... o el jamón cocido.

Waiter **Are you ready to order?**
Are yu rédi tu órder?
¿Están listos para ordenar?

Anna **I think I'll have the chicken cooked in wine with a green salad.**
Ái tzink áil jav de chíken kukd in wuáin wuíd a grín sálad.
Yo creo que ordenaré el pollo cocinado en vino con una ensalada verde.

John **I'd like the broiled fish with veggies.**
Áid láik de bróild fish wuíd véyis.
Me gustaría el pescado a la parrilla con vegetales.
And bring us some white wine.
And bring ós som wáit wáin.
Y tráiganos algo de vino blanco.

Waiter **Would you like anything for dessert?**
Wud yu láik énitzing for disért?
¿Les gustaría algo para postre?

John **I ought to do without dessert this time.**
Ái ot tu du wuidáut disért dis táim.
Creo que debo pasarla sin postre esta vez.
I've got to watch my weight.
Áiv got tu wuátch mái wéit.
Tengo que vigilar mi peso.

Anna **Too bad for you... I'll have the apple pie, thank you.**
Tu bad for yu... Áil jav de apl pái, tzéink yu.
Demasiado mal para tí... Yo ordenaré el pay de manzana, gracias.
After Dinner   ***Después de la Cena***

Anna **The food was delicious. I'm glad you left a good tip.**
De fud wuás delíshio-s. Áim glad yu left a gud tip.

La comida fue deliciosa. Estoy contenta que hayas dejado una buena propina.

John **It was a fine dinner.**
It wuás a fáin díner.
Fue una cena excelente.
We're still early for the movie, aren't we?
Wuír stil érli for de múvi, arnt wuí?
Aún es temprano para la película, ¿o no?

Anna **Yes, we still have some time.**
Yes, wuí stil jav sóm táim.
Sí, aún tenemos algo de tiempo.
We could walk to the movie theater.
Wuí cud wuók tu de múvi tziárer.
Podríamos caminar al cine.

Palabras y Frases Nuevas

1. **bake** hornear
2. **beef** res
3. **boil** hervir
4. **broil** asar a la parrilla
5. **cocktail** coctel
6. **cook** cocer, cocinar
   a. **pot** olla
   b. **pan** sartén, cacerola
7. **dessert** postre
8. **dish** plato
9. **fish** pescado
10. **foolish** tonto(a)
11. **ham** jamón
    a. **cheese** queso
    b. **lamb** cordero
    c. **pork** puerco
    d. **steak** bistec
    e. **veal** ternera
12. **jealous** celosa(o)
13. **main** principal
14. **menu** menú
15. **movie** película
16. **movies** cine; películas
17. **movie theater** sala de cine
18. **onion** cebolla
19. **oyster** ostra
20. **pie** pay; pastel
21. **potato** papa
22. **restaurant** restaurante
23. **roast** asar
24. **salad** ensalada
25. **tip** propina
26. **toward** hacia
27. **veggies** vegetales; verduras
    a. **vegetables** vegetales
28. **wine** vino

Ejercicios. Conteste en inglés y de manera completa.

1. **Does Anna think they should get inside the restaurant?**
   ¿Piensa Ana que deberían entrar al restaurante?

2. **Has John eaten there before?**
    ¿Ha Juan comido ahí antes?
3. **What do they order to drink?**
    ¿Qué ordenan para tomar?
4. **They forgot to leave a tip, didn't they?**
    Ellos olvidaron dejar una propina, ¿o no?
5. **Where are they going after dinner?**
    ¿A dónde irán ellos después de la cena?

Respuestas. Las respuestas pueden variar de acuerdo al manejo de vocabulario de la persona, éstas son algunas sugerencias.

1. No, Anna doesn't think they can afford that restaurant.
2. Yes, he has, but he doesn't say with whom.
3. They ordered white wine.
4. No, they didn't. John left a good tip.
5. They're going to the movies.

Gramática Básica

En idioma inglés al igual que en español, algunas preguntas deben ir precedidas por una preposición, es decir, la forma correcta es que la pregunta inicie con la preposición. Sin embargo, mientras que en español empezamos con la preposición, en el uso común del inglés se da preferencia a la palabra interrogativa (**What, When, Where, Who, Whom, Why**), por tanto se deja la preposición al finalizar la oración.

Ejemplos:

What will you start with, Anna?
¿Con qué empezarás, Ana?
With what will you start, Anna?
Sería la forma correcta, aunque no la más utilizada.

Which notebook are you writing this in?
¿En qué cuaderno estás escribiendo esto?
In which notebook are you writing this?
En este caso ambas posiciones son empleadas comúnmente.

Who is Rachel sending this message to?
¿A quién le está enviando este mensaje Raquel?
To whom is Rachel sending this message?
Para iniciar con preposición y la palabra interrogativa 'quién' debemos emplear "**whom**".

LESSON 46. ASKING FOR DIRECTIONS
PREGUNTANDO DIRECCIONES

Mary   **Tomorrow I'm going to the rock concert with my friends.**
Túmorrow áim góing to de rok cónsert wuíd mái frénds.
Mañana iré al concierto de rock con mis amigos.

Anna   **That's great! Just be careful.**
Dats gréit! Jo-st bi kérful.
¡Es grandioso! Sólo tengan cuidado.
How are you getting there?
Jáu ar yu guéting der?
¿Cómo llegarán allá?

Mary   **Well... we're taking the subway,**
Wuel... wir téiking de só-bwuei,
Bueno... tomaremos el metro,
but we don't know exactly how to get to the concert hall.
bo-t wi dont now exáctli jáu tu guét tu de cónsert jo-l.
pero no sabemos exactamente cómo llegar a la sala de conciertos.

Anna   **It isn't hard. Let's check this map. When you get out**
It isnt jard. Lets chek dis map. Wuén yu guét áut
No es difícil. Revisemos este mapa. Cuando salgan
of the subway station, turn left on Fourth Avenue
of de só-bwuei stéishion, to-rn left on fortz áveniu
de la estación del metro, den vuelta a la izquierda en la Cuarta Avenida
and walk up to the second traffic light.
and wo-k o-p tu de sécond tráfic láigt.
y caminen hacia arriba hasta el segundo semáforo.
Then make a right on Pine Street.
Den méik a ráigt on Páin Strit.
Entonces del vuelta a la derecha en la Calle Pino.
The Hall is the third building on the left.
De Hól is de tze-rd bílding on de left.
La Sala es el tercer edificio de la izquierda.

Mary   **But those are long blocks downtown.**
Bo-t dóus ar long bloks dáuntaun.
Pero esas son largas cuadras del centro.
Can't we take a bus?
Cant wi téik a bo-s?
¿No podemos tomar un autobús?

Anna **Sure, you can take a bus right infront of the subway station.**
Shur, yu can téik a bo-s ráigt infront of de só-bwuei stéishion.
Claro, pueden tomar un autobús justo enfrente de la estación del metro.
Just make sure you guys,
Jo-st méik shur yu gáis,
Sólo asegúrense muchachos,
get off on the corner of Pine Str. and Fourth Av.
guét of on de córner of páin strit and fortz áveniu.
de bajarse en la esquina de la Calle Pino y la Cuarta Avenida.
The bus will go straight ahead on the avenue,
de bo-s wuíl go stréigt ajéd on de áveniu,
el autobús irá derecho sobre la avenida,
so it could take you farther in the wrong direction.
so it cud téik yu fárder in de rong dairékshion.
así que los podría llevar más lejos en la dirección equivocada.

Palabras y Frases Nuevas

1. **block** cuadra, bloque
2. **concert** concierto
3. **corner** equina
4. **direction** dirección
5. **downtown** centro
6. **far** lejos
   a. **farther** más lejos
7. **guy** muchacha(o) chica(o)
8. **get out** salir
9. **get off** bajar
10. **in front of** en frente de
11. **make a left/right** dar vuelta a la izquierda/derecha
12. **map** mapa
13. **pine** pino
14. **rock** rock and roll
15. **station** estación
16. **straight** ahead derecho al frente
17. **subway** metro, tren subterráneo
   a. **underground** metro, tren subterráneo
18. **turn left/right** dar vuelta a la izquierda/derecha
19. **warn** advertir
20. **wrong** equivocada(o)

Ejercicios. Conteste en inglés y de manera completa.

1. **Do Mary and her friend know how to get to the Hall?**
   ¿Saben María y sus amigos cómo llegar a la Sala?
2. **What will they do there?**
   ¿Qué harán ellos ahí?
3. **How is Anna helping Mary?**
   ¿Cómo le está ayudando Ana a María?
4. **The Hall is the first building on the right, isn't it?**
   La Sala es el primer edificio en la derecha, ¿no es así?
5. **What does Anna warn Mary to do?**
   ¿Qué le advierte Ana a María que haga?

Respuestas. Las respuestas pueden variar de acuerdo al manejo de vocabulario de la persona, éstas son algunas sugerencias.

1. Not exactly. That's why Mary is asking for directions.
2. They will go to a rock concert.
3. She's giving her the right directions to get to the Hall.
4. No, it isn't. It's the third one on the left.
5. She warns Mary about the right bus stop. Or the bus will take them in the wrong direction.

Gramática Básica

Para pedir orientación o direcciones sobre cómo llegar a un lugar o a determinada dirección, generalmente empleamos una fórmula cordial y directa.

Ejemplos:

Excuse me, could you please tell me how to get to... ?
Disculpe, me podría decir cómo llegar a...?
Sorry to bother you, but could you show me where is... ?
Siento molestarle, pero podría mostrarme dónde está...?
Excuse me is this ... ?
Disculpe es esto...?

Para comprender las instrucciones sobre cómo llegar a determinado punto se requiere del manejo de una serie de frases hechas.

Ejemplos:

You have to go up/down the street.
Tienes que ir hacia arriba/ abajo de la calle.

Go straight ahead on the avenue.
Ve derecho en la avenida.

You will have to go back on the road.
Tendrás que regresar en el camino.

You should go in that direction.
Deberías ir en esa dirección.

You must turn right/left on this street.
Debes dar vuelta a la derecha/izquierda en esta calle.

Make a right/left on the First Avenue.
Da vuelta a la derecha/izquierda en la Primera Avenida.

The bus stop is on the corner of Main Street and the Second.
La parada de autobús está en la esquina de la Calle Principal y la Segunda.

The Post Office is in front of the supermarket.
La Oficina de Correos está en frente del supermercado.

That number is behind the boutique.
Ese número está detrás de la boutique.

Number 23 is in the middle of the block.
El número 23 está en el medio de la cuadra.

The drugstore is next to that restaurant.
La farmacia está junto al restaurante.

LESSON 47. TRAVELLING
VIAJANDO

Anna **I'm so excited, honey.**
Áim so exsáite-d, jóni.
Estoy tan entusiasmada, cariño.
We're finally going on a vacation!
Wuír fáinali góing on a vakéishon!
¡Por fin nos vamos de vacaciones!

John **I know... The towns' nightlife, the beaches' sun.**
Ái nou... De táuns náigtlaif, de bíches so-n.
Yo sé... La vida noctura de las ciudades, el sol de las playas.
Everything will be great!
Évritzing wil bi gréit.
¡Todo será grandioso!

Anna **Peter's been really kind offering to drive us to the airport.**
Píters bin ríli káind ófering tu dráiv o-s tu di érport,
Pedro ha sido muy amable ofreciéndose a llevarnos al aeropuerto.

John **He certainly has.**
Ji sértanli jas.
Él ciertamente lo ha sido.
Let's check our luggage and documents for tomorrow.
Lets chek áu-r ló-gach and dókiuments for túmorrow.
Revisemos nuestro equipaje y documentos para mañana.

Anna **O.K. Is this your suitcase's key?**
Okéi. Is dis yur sútkeises ki?
Está bien. ¿Es esta la llave de tu maleta?

John **Yes... I was forgetting it!**
Yes... ái wuás forguéting it!
Sí... ¡La estaba olvidando!

Anna **Good, I think everything's here.**
Gud, ái tzink évritzings jir.
Bien, pienso que todo está aquí.

The next day at the airport
Al día siguiente en el aeropuerto

Clerk **Here's your boarding pass, ma'am. And yours, sir.**
Jirs yur bórding pas, mam. And yurs, se-r.
Aquí está su pase de abordar, señora. Y el suyo, señor.

Please, make sure you're at gate twelve by 9:30 a.m.
Plis, méik shur yur at guéit tuélv bái náin tzé-ri éi em.
Por favor, asegúrense de estar en la puerta doce a las 9:30 a.m.

Anna **Thank you.**
Tzéink yu.
Gracias.

John **All our baggage is documented,**
Ol áur bágach is dókiumented,
Todo nuestro equipaje está documentado,
and they didn't charge any overweight.
and dey didnt charch éni óverweit.
y no nos cobraron nada de sobrepeso.

Anna **That's because we haven't bought any souvenirs yet.**
Dats bikós wuí jáve-nt bogt éni súvenirs yet.
Eso es porque no hemos comprado ningún recuerdo aún.

John **We better go.**
Wuí béter go.
Mejor nos vamos.
I want to grab a coffee before boarding the plane.
I wuánt to grab a cófi bifór bórding de pléin.
Quiero tomar un café antes de abordar el avión.

Anna **Good idea. I'm a bit sleepy.**
Gud aidía. Áim a bit slípi.
Buena idea. Yo estoy un poco soñolieta.

Palabras y Frases Nuevas

1. **a bit** un poco
2. **airport** aeropuerto
3. **baggage** equipaje
4. **board** abordar
5. **boarding pass** pase de abordar
6. **certainly** ciertamente
7. **charge** cargar, cobrar
8. **excited** emocionado, excitado
9. **gate** puerta, portón
10. **grab** agarrar, llevar
11. **key** llave
12. **luggage** equipaje
13. **make sure** asegurarse
14. **nightlife** vida nocturna
15. **overweight** sobre peso
16. **sleepy** soñolienta(o)
17. **suitcase** maleta
18. **souvenir** recuerdo
19. **vacation** vacaciones

Ejercicios. Conteste en inglés y de manera completa.

1. **Why is Anna really excited?**
   ¿Por qué está Ana realmente emocionada?
2. **Who's been nice to them?**
   ¿Quién ha sido agradable con ellos?
3. **What was John forgetting?**
   ¿Qué estába olvidando Juan?
4. **They'll be boarding at gate eleven, won't they?**
   Ellos abordarán por la puerta once, ¿no es así?
5. **What does John want to do before getting on the plane?**
   ¿Qué quiere hacer Juan antes de subir al avión?

Respuestas. Las respuestas pueden variar de acuerdo al manejo de vocabulario de la persona, éstas son algunas sugerencias.

1. Because they're going on a vacation.
2. Peter, because he offered to drive them to the airport.
3. He was forgetting his suitcase's key.
4. No, they'll be boarding at gate twelve.
5. He wants to grab a cup of coffee.

Gramática Básica

Existen diversas abreviaciones con el apóstrofe y la letra *s* ('s), que se hacen en idioma inglés, lo cual puede ser confuso, pues no siempre se abrevian las mismas palabras o se refiere al mismo posesivo.

Abreviación con 's	Example	Ejemplo
Posesivo de un sustantivo	The suitcase**'s** key My friend**'s** house	La llave **de** la maleta La casa **de** mi amigo
Is	I think everything**'s** here. Margarete**'s** beautiful. Who**'s** very happy?	Yo pienso que todo **está** aquí. Margarita **es** hermosa. ¿Quién **está** muy feliz?

Invitación con Let's	Let's go to the movies. Let's check our documents.	**Vamos** al cine. **Revisemos** nuestros documentos.
has	Peter's been kind Stephanie's worked all week.	Pedro **ha** sido amable. Estefanía **ha** trabajado toda la semana.

El posesivo de una palabra que ya termina en letra **s**, sólo requiere del apóstrofe, no será necesario agregar otra letra **s**.

Ejemplos:

The Roberts' house is big. The beaches' sun is wonderful. The towns' nightlife is exciting.	La casa **de** los Roberts es grande. El sol **de** las playas es maravilloso. La vida nocturna **de** las ciudades es emocionante.

UNIT 6. ENTERTAINMENT
UNIDAD 6. ENTRETENIMIENTO

LESSON 48. ABOUT BOOKS
SOBRE LIBROS

Peter **Have you read this book, John?**
Jav yu red dis buk, Yon?
¿Has leido este libro, Juan?
John **No, but I've heard about it.**
No, bo-t áiv jerd abáut it.
No, pero he escuchado acerca de él.
Lend it to me after you're through.
Lend it to mi áfter yur tzru.
Préstamelo cuando termines.
Peter **It's author is a famous writer.**
Its ó-tzor is a féimo-s gráiter.
Su autor es un escritor famoso.
He has won several prizes.
Hi jas wuón séveral práizes.
Él ha ganado varios premios.
John **I've read his articles in many magazines and newspapers.**
Áiv red jis árikls in méni mágazins and niuspéipers.
Yo he leido sus artículos en muchas revistas y periódicos.
Peter **I think that for this fine book,**
Ái tzink dat for dis fáin buk,
Yo creo que por este excelente libro,
he'll be remembered long after he dies.
jil bi rimémberd long áfter ji dáis.
el será recordado mucho después de fallecer.
John **It's very popular. Is it well written?**
Its véri pópiular. Is it wuél gríten?
Es muy popular. ¿Está bien escrito?
Peter **Oh, yes! It is so interesting that once you start it**
O, yes! It is so intrésting dat uáns yu start it
¡O, si! Es tan interesante que una vez que lo empiezas
you can't put it down.
yu cant put it dáun.
no lo puedes dejar.
It's all about the author's travels.
Its o-l abáut de ó-tzors trável s.
Es todo acerca de los viajes del autor.

He lived like a native for two whole years in five
Ji livd láik a néitiv for tu jóul yirs in fáiv
Él vivió como nativo por dos años completos en cinco
different countries, each from a different continent.
díferent cóuntris, ích from a diferent cóntinent.
diferentes países, cada uno de un continente diferente.
In each case, he tried to be one of the people,
In ích kéis ji tráid tu bi uán of de pípl,
En cada caso, él trató de ser uno de los lugareños,
to do as they do.
tu do as dei do.
hacer lo que hacen.

John **That sounds like a great story.**
Dat sáunds láik a gréit stori.
Eso suena como una gran historia.

Peter **It's full of hope, joy and adventure with a few tears.**
Its ful of jóup, joi and advénchur wuíd a fíu tírs.
Está lleno de esperanza, júbilo y aventura con algunas lágrimas.

John **Which country does he prefer above all?**
Wuích cóuntri dos ji prífer abóv o-l?
¿Qué país prefiere sobre los demás?

Peter **His own. And I agree with him.**
Jis oún. And ái agrí wuíd jim.
El suyo. Y yo estoy de acuerdo con él.

Palabras y Frases Nuevas

1. **adventure** aventura
2. **agree** estar de acuerdo, acordaı
3. **article** articulo
4. **author** autor
5. **book** libro
6. **case** caso
7. **continent** continente
8. **different** diferente, distinto
9. **die** morir, fallecer
10. **few** pocos, algunos
11. **interesting** interesante
12. **lend** prestar
13. **magazine** revista
14. **newspaper** periódico, diario
15. **native** nativo
16. **popular** popular
17. **prefer** preferir
18. **prizes** premios
19. **remember** recordar
20. **story** historia
21. **tear** lágrima
22. **travel** viaje, viajar
23. **whole** todo, entero, complcto

Ejercicios. Conteste en inglés y de manera completa.

1. **What is Peter reading?**
   ¿Qué está leyendo Pedro?
2. **Has John already read the book?**
   ¿Ha Juan leído ya el libro?
3. **What else has the author written?**
   ¿Qué más ha escrito el autor?
4. **He tries to do as the natives do, doesn't he?**
   Él trata de hacer lo que los nativos, ¿no es así?
5. **Where does the author prefer to live?**
   ¿En dónde prefiere el autor vivir?

Respuestas. Las respuestas pueden variar de acuerdo al manejo de vocabulario de la persona, éstas son algunas sugerencias.
1. He's reading a book about travels and adventure.
2. No, he hasn't read it yet.
3. He has written many articles.
4. Yes, he tries to do as they do.
5. He prefers his own country.

Gramática Básica

En esta lección se revisaron dos verbos que en la traducción al español suelen causar confusiones y errores **"to agree"** y **"to lend"**. La expresión verbal en español **"estar de acuerdo"** en inglés se traduce con una sola palabra **"agree"**, por tanto se presta a confusiones cuando las personas desean traducir e incluir el verbo **"to be" (ser o estar)** conjugado antes, pensando, equivocadamente, que lo están haciendo como en español.

Ejemplos

CORRECTO
Martha <u>agrees</u> with me about the party.
Marta <u>está de acuerdo</u> conmigo acerca de la fiesta.
The O'Haras <u>don't agree</u> with the director's point of view.
Los O'Hara <u>no están de acuerdo</u> con el punto de vista del director.
INCORRECTO
Martha <u>is agree</u> with me about the party.
Marta <u>es estar de acuerdo</u> conmigo acerca de la fiesta.

> The O'Haras <u>aren't agree</u> with the director's point of view.
> Los O'Hara <u>no son estar de acuerdo</u> con el punto de vista del director.

Con referencia al verbo **"to lend"** (prestar) y **"to borrow"** (pedir prestado), también se suelen tener problemas en la traducción. Es decir, si una persona presta algo **(lends)** no se emplea el mismo verbo que si una persona pide algo prestado **(borrows)**.

Ejemplos

CORRECTO
Mary will borrow the beautiful red dress from Anna.
María le pedirá prestado el hermoso vestido rojo a Ana.
Anna will probably lend her also her high-heeled shoes.
Ana probablemente le prestará también sus zapatos de tacón alto.

INCORRECTO
Mary <u>will ask borrow</u> the beautiful red dress from Anna.
María le <u>preguntará pedir prestado</u> el hermoso vestido rojo a Ana.

LESSON 49. SPORTS
DEPORTES

Anna **Look at the crowd skating!**
Luk at de cráud skéiting!
¡Observa a la multitud patinando!

John **Yes, it has become a very popular sport.**
Yes, it jas bicóm a véri- pópiular sport.
Sí, se ha vuelto un deporte muy popular.

Anna **I've never skated in my life,**
Áiv néver skéite-d in mái láif,
Nunca he patinado en mi vida,
but I've jogged and swum seriously.
bo-t áiv yogd and swum síriousli.
pero he trotado y nadado seriamente.

John **I prefer team sports such as soccer...**
Ái prífer tím sports so-ch as sóker...
Yo prefiero los deportes de equipo como el sóccer...
Let me help you put on your skates.
Let mi help yu pu-t on yur skéits.
Déjame ayudarte a poner los patines.

Anna **You're making the straps too tight.**
Yur méking de straps tu táigt.
Estás apretando las correas demasiado.

John **I don't want them to slip off. You're all set.**
Ái don't wuánt dem tu slip of. Yur o-l set.
No quiero que se salgan. Ya estás lista.
Now help me with mine.
Náu jelp mi wuíd máin.
Ahora ayúdame con las mías.

Anna **But I can't bend down. I'll fall.**
Bo-t ái cant bend dáun. Áil fo-l.
Pero no me puedo inclinar. Me caeré.
Can't you do it yourself, John?
Cant yu du it yursélf, Yon?
¿No puedes hacerlo tú mismo, Juan?

John **Oh, sure. I'm only teasing you. Now, let's try skating.**
O, shur. Áim ónli tísing yu. Náu, lets trái skéiting.
O, claro. Sólo te estoy molestando. Ahora, tratemos de patinar.

Hold my arm, keep on your feet and bend your body forward.
Jold mái arm, kip on yur fit and bend yur bódi fóward.
Agarra mi brazo, manténte de pie e inclina el cuerpo hacia delante.
Now move along with me, in rhythm. It's just like dancing.
Náu múv alóng wuíd mi, in ridm. Its jo-st láik dáncing.
Ahora muévete conmigo, al ritmo. Es justo como bailar.

Anna   **John, it's easy. I love it!**
Yon, its ísi. Ái lov it!
Juan, es fácil. ¡Me encanta!
I just have to move my body from side to side.
I jo-st jav tu muv mái bó-ri from sáid tu sáid.
Sólo tengo que mover mi cuerpo de lado a lado.

John   **Anna! Look out! Grab tight and hold on!**
Ana! Luk áut! Grab táigt and jold on!
¡Ana! ¡Cuidado! ¡Agárrate fuerte y aguanta!

Anna   **Ow! ... That hurts. Don't you dare laugh!**
Ou! ... Dat ho-rts. Don't yu der laf!
¡Au! ... Eso duele. ¡No te atrevas a reirte!

John   **That's why sometimes,**
Dats wuái sómtaims,
Es por eso que a veces,
it's safer to watch sports and not to practice them.
its séifer tu wuátch sports and not tu práctis dem.
es más seguro ver los deportes y no practicarlos.

Palabras y Frases Nuevas

1. **arm** brazo
2. **begin** empezar
3. **bend** inclinar, agachar
4. **body** cuerpo
5. **foot** pie
   a. **feet** pies
   b. **ankle** tobillo
6. **forward** adelante
7. **grab** agarrar
8. **jog** trotar
9. **keep** mantener(se)
10. **move** mover
11. **rhythm** ritmo
12. **set** listo
13. **skate** patinar; patín
    a. **ice-skate** patinar sobre hielo
14. **seriously** seriamente
    a. **serious** serio
15. **slip** escurrirse, resbalarse
    a. **slip off** caer, salir
16. **sport** deporte

a. **soccer** fútbol
   sóccer
b. **football** fútbol
   americano
c. **baseball** béisbol
d. **basketball**
   básquetbol

17. **strap** correa
18. **swim** nadar
19. **tease** molestar,
    tomar el pelo
20. **tight** apretado

Ejercicios. Conteste en inglés y de manera completa.

1. **Has Anna ever skated before?**
   ¿Ha patinado alguna vez Ana antes?
2. **Is Anna helping John putting his skates on?**
   ¿Le está ayudando Ana a Juan a ponerse los patines?
3. **Does Anna think skating is like dancing?**
   ¿Ana piensa que patinar es como bailar?
4. **How does John teach her to skate?**
   ¿Cómo le enseña Juan a patinar?
5. **What happens when Anna falls down?**
   ¿Qué sucede cuando Ana se cae?

Respuestas. Las respuestas pueden variar de acuerdo al manejo de vocabulario de la persona, éstas son algunas sugerencias.

1. No, Anna has never skated in her life.
2. No, she can't help him. She thinks she will fall.
3. No, John thinks skating is like dancing.
4. He tells her to hold his arm and move along with him.
5. Probably John wants to laugh and she gets mad.

Gramática Básica

A continuación anotaremos un repaso de los principales tiempos verbales en modo afirmativo y negativo.

Verb Tense	English	Spanish
Simple present	Diana goes to school every day. David doesn't eat pizza.	Diana va a la escuela todos los días. David no come pizza.
Present progressive/ continuous	Diana is going to school now. David isn't eating pizza today.	Diana está yendo a la escuela ahora David no está comiendo pizza hoy.
Present Perfect	Diana has gone to school always. David hasn't eaten pizza lately.	Diana ha ido a la escuela siempre. David no ha comido pizza últimamente.
Simple past	Diana went to school last year. David didn't eat pizza yesterday.	Diana fue a la escuela el año pasado David no comió pizza ayer.
Past progressive/ continuous	Diana was going to school before. David wasn't eating pizza anyway.	Diana estaba yendo a la escuela antes. David no estába comiendo pizza de cualquier modo.
Past Perfect	Diana had gone to school since August. David hadn't eaten pizza in this restaurant.	Diana hubo ido a la escuela desde agosto. David no hubo comido pizza en este restaurante.
Simple Future	Diana will go to school next year. David won't eat pizza soon.	Diana irá a la escuela el próximo año. David no comerá pizza pronto.
Future progressive/ continuous	Diana will be going to school shortly. David won't be eating pizza in a while.	Diana va a estar yendo a la escuela en poco tiempo. David no estará comiendo pizza en algún tiempo.
Future Perfect	Diana will have gone to school for three years. David won't have eaten pizza with his friends.	Diana habrá ido a la escuela por tres años. David no habrá comido pizza con sus amigos.

LESSON 50. HOBBIES: WATCHING T.V.
PASATIEMPOS: VIENDO T.V.

John **Which would you prefer to do? Play cards or watch T.V.?**
Wuích wud yu prifér tu du? Pléi cards or wuátch ti vi?
¿Qué prefieres hacer? ¿Jugar cartas o ver televisión?

Peter **No cards, please! I'm still ashamed of the mistakes**
No cards, plís! Áim stil ashéimd of de mistéiks
¡Nada de cartas, por favor! Aún estoy avergonzado de los errores
I made in the last game.
ái méid in de last géim.
que cometí en el último juego.

John **Well, let's turn on the set to channel**
Wuel, lets tu-rn on de set to chánel
Bueno, encendamos el aparato en el canal
five hundred twenty-two and watch baseball.
fáiv jóndred tuéni tu and wuátch béisbol.
quinientos veintidos y veamos béisbol.

Peter **Good idea.**
Gúd aidía.
Buena idea.
I think the ladies are still doing their photo albums.
Ái tzink de léidis ar stil dúing deir fó-ro álbums.
Creo que las damas aún están haciendo sus álbumes de fotos.

John **The score is even. Neither team is winning...**
De scor is íven. Níder tim is wuíning...
El marcador está empatado. Ningún equipo va ganando...

Peter **My team will win. You can count on that.**
Mái tim wuíl wuín. Yu can cáunt on dat.
Mi equipo ganará. Puedes contar con ello.

John **I guess... The game is not that good, though.**
Ái gues... De géim is not dat gud, dóu.
Eso supongo... El juego no es tan bueno, de cualquier modo.

Peter **We may change the channel to a good sitcom if you want.**
Wuí méi chéinch de chánel tu a gud sítcom if yu wuánt.
Podríamos cambiar el canal a un buen programa si tú quieres.

John   **No, let's see how they do.**
        No, lets si jáu déy du.
        No, veamos cómo les va.
        This next player has a lot of power.
        Dis next pléyer jas a lot of páuer.
        Este siguiente jugador tiene mucho poder.
Peter   **Yes, but the pitcher in turn sends nice curves.**
        Yes, bo-t de pítcher in tu-rn sends náis kíurvs.
        Si, pero el lanzador en turno envía bonitas curvas
John   **Strike two! Straight across the plate.**
        Stráik tu! Stréigt acrós de pléit.
        ¡Segundo "strike" (golpe)! Derecho sobre el plato de jóm.
        He didn't even see the ball.
        Ji didnt íven si de bo-l.
        Ni siquiera vió la pelota.
Peter   **Look at the ball go! –way into left field.**
        Luk at de bo-l go! –wuéi íntu left fild.
        ¡Ve la pelota irse! –camino dentro del jardín izquierdo.
        He caught it. That's the third out.
        Ji cót it. Dats de tzerd áut.
        La cachó. Es el tercer "out" (fuera).
John   **You were right. The game is over and your team won.**
        Yu wuér ráigt. De géim is óuver and yur tim wuón.
        Tenías razón. El juego terminó y tu equipo ganó.
Peter   **Yes! We may now watch a movie or play some ball if you want...**
        Yes! Wuí méi náu wuátch a múvi or pléi som bo-l if yu wuánt...
        ¡Sí! Podemos ahora ver una película o jugar algo de pelota si quieres...

Palabras y Frases Nuevas

1. **album** álbum
2. **ball** bola, pelota
3. **bat** bate; batear
4. **card** naipe; carta
5. **channel** canal
6. **count on** contar con (algo)
7. **curve** curva
8. **game** juego
9. **guess** suponer
10. **hit** golpear
    a. **home run** jonrón
11. **hobby** pasatiempo
    a. **hobbies** pasatiempos

12. **mistake** equivocación; error
13. **pitcher** lanzador
14. **plate** plato de jónron (home run)
15. **power** poder
16. **score** cuenta, marcador
17. **set** aparato
18. **sitcom** abreviación de **situation**
    comedy, programa serial de comedia
19. **straight** recto, derecho
20. **strike** golpe; golpear
21. **team** equipo
22. **television** televisión
23. **T.V.** televisión
24. **turn** turno
25. **win** ganar
    a. **beat** vencer

Ejercicios. Conteste en inglés y de manera completa.

1. **Is Peter's hobby to play cards?**
   ¿Es el pasatiempo de Pedro jugar a las cartas?
2. **Does John like to watch T.V.?**
   ¿A Juan le gusta ver televisión?
3. **What is the ladies' hobby?**
   ¿Cuál es el pasatiempo de las damas?
4. **Peter's team won, didn't it?**
   El equipo de Pedro gano, ¿no es así?
5. **What does Peter suggest they could do?**
   ¿Qué sugiere Pedro que podrían hacer?

Respuestas. Las respuestas pueden variar de acuerdo al manejo de vocabulario de la persona, éstas son algunas sugerencias.

1. No, because he made mistakes in the last game.
2. Yes, he does.
3. They like to fill up photo albums.
4. Yes, his team won the game.
5. He suggests John they could watch a movie or play some ball.

Gramática Básica

A continuación concluimos el repaso de tiempos verbales en modo interrogativo.

Verb Tense	English	Spanish
Simple present	**Does** Diana **go** to school every day? **Doesn't** David **eat** pizza?	¿Va Diana a la escuela todos los días? ¿No come David pizza?
Present progressive/ continuous	**Is** Diana **going** to school now? **Isn't** David **eating** pizza today?	¿Está Diana yendo a la escuela ahora? ¿No está David comiendo pizza hoy?
Present Perfect	**Has** Diana **gone** to school always? **Hasn't** David **eaten** pizza lately?	¿Ha Diana ido a la escuela siempre? ¿No ha David comido pizza últimamente?
Simple past	**Did** Diana **go** to school last year? **Didn't** David **eat** pizza yesterday?	¿Fue Diana a la escuela el año pasado? ¿No comió David pizza ayer?
Past progressive/ continuous	**Was** Diana **going** to school before? **Wasn't** David **eating** pizza anyway?	¿Estaba Diana yendo a la escuela antes? ¿No estába David comiendo pizza de cualquier modo?
Past Perfect	**Had** Diana **gone** to school since August? **Hadn't** David **eaten** pizza in this restaurant?	¿Hubo Diana ido a la escuela desde agosto? ¿No hubo David comido pizza en este restaurante?
Simple Future	**Will** Diana **go** to school next year? **Won't** David **eat** pizza soon?	¿Irá Diana a la escuela el próximo año? ¿No comerá David pizza pronto?
Future progressive/ continuous	**Will** Diana **be going** to school shortly? **Won't** David **be eating** pizza in a while?	¿Va Diana a estar yendo a la escuela en poco tiempo? ¿No estará David comiendo pizza por un tiempo?
Future Perfect	**Will** Diana **have gone** to school for three years? **Won't** David **have eaten** pizza with his friends?	¿Habrá Diana ido a la escuela por tres años? ¿No habrá David comido pizza con sus amigos?

Apendix: Irregular Verbs
Apéndice: Verbos Irregulares

Los siguientes son los verbos irregulares más usados en idioma inglés. Debido a sus particularidades, estos verbos no siguen una regla específica de cambio en cada una de sus formas, por lo que la única manera de aprenderlos es mediante la memorización o la constante práctica de ejercicios.

Infinitive	Simple Past	Past Participle	Spanish
be	was / were	been	ser
beat	Beat	beaten	golpear
become	Became	become	convertirse
begin	Began	begun	comenzar
bet	bet/betted	bet/betted	apostar
bite	Bit	bitten	morder
bleed	Bled	bled	sangrar
blow	Blew	blown	soplar
break	Broke	broken	romper
bring	Brought	brought	traer
build	Built	built	construir
buy	Bought	bought	comprar
catch	Caught	caught	atrapar
choose	Chose	chosen	elegir
come	Came	come	venir
cost	Cost	cost	costar
cut	Cut	cut	cortar
deal	Dealt	dealt	dar, repartir
do	Did	done	hacer
draw	Drew	drawn	dibujar
dream	dreamt/dreamed	dreamt/dreamed	soñar
drink	drank	drunk	beber
drive	drove	driven	conducir
eat	ate	eaten	comer
fall	fell	fallen	caer
feed	fed	fed	alimentar
feel	felt	felt	sentir
fight	fought	fought	pelear
find	found	found	encontrar
fly	flew	flown	volar
forget	forgot	forgotten	olvidar
forgive	forgave	forgiven	perdonar

freeze	froze	frozen	congelar
get	got	got	tener, obtener
give	gave	given	dar
go	went	gone	ir
grow	grew	grown	crecer
hang	hung	hung	colgar
have	had	had	tener
hear	heard	heard	oír
hide	hid	hidden	esconderse
hit	hit	hit	golpear
hold	held	held	tener, mantener
hurt	hurt	hurt	herir, doler
keep	kept	kept	guardar
kneel	knelt	knelt	arrodillarse
know	knew	known	saber
lead	led	led	encabezar
learn	learnt/learned	learnt/learned	aprender
leave	left	left	dejar
lend	lent	lent	prestar
let	let	let	dejar
lie	lay	lain	yacer
lose	lost	lost	perder
make	made	made	hacer
mean	meant	meant	significar
meet	met	met	conocer, encontrar
pay	paid	paid	pagar
put	put	put	poner
quit	quit/quitted	quit/quitted	abandonar
read	read	read	leer
ride	rode	ridden	montar, ir
ring	rang	rung	llamar por teléfono
rise	rose	risen	elevar
run	ran	run	correr
say	said	said	decir
see	saw	seen	ver
sell	sold	sold	vender
send	sent	sent	enviar
set	set	set	fijar
sew	sewed	sewn/sewed	coser

shake	shook	shaken	sacudir
shine	shone	shone	brillar
shoot	shot	shot	disparar
show	showed	shown/showed	mostrar
shrink	shrank/shrunk	shrunk	encoger
shut	shut	shut	cerrar
sing	sang	sung	cantar
sink	sank	sunk	hundir
sit	sat	sat	sentarse
sleep	slept	slept	dormir
slide	slid	slid	deslizar
sow	sowed	sown/sowed	sembrar
speak	spoke	spoken	hablar
spell	spelt/spelled	spelt/spelled	deletrear
spend	spent	spent	gastar
spill	spilt/spilled	spilt/spilled	derramar
split	split	split	partir
spoil	spoilt/spoiled	spoilt/spoiled	estropear
spread	spread	spread	extenderse
stand	stood	stood	estar de pie
steal	stole	stolen	robar
sting	stung	stung	picar
stink	stank/stunk	stunk	apestar
strike	struck	struck	golpear
swear	swore	sworn	jurar
sweep	swept	swept	barrer
swim	swam	swum	nadar
take	took	taken	tomar
teach	taught	taught	enseñar
tear	tore	torn	romper
tell	told	told	decir
think	thought	thought	pensar
throw	threw	thrown	lanzar
wake	woke	woken	despertarse
wear	wore	worn	llevar
			puesto
weave	wove	woven	tejer
weep	wept	wept	llorar
win	won	won	ganar
write	wrote	written	escribir

Índice General

Índice de Lecciones Gramaticales

Lot entre sus hijas. El detalle es de Lot
y Sus Hijas Alejándose de Sodoma *de
Guido Reni (aprox. 1615, Galería Nacional, Londres).*

¡Dígalo Fácilmente en Inglés!
Say it easily in English!
se terminó de imprimir en
mayo de 2014.
La impresión de forros e interiores se llevó a
cabo en el taller de litografía de:
Berbera Editores, S. A. de C. V.